V&R

Praktische Theologie konkret

Band 4

Herausgegeben von
Hans-Martin Lübking und Bernd Schröder

Wolfgang Ilg

Jugendarbeit gestalten

Mit einer Abbildung

Vandenhoeck & Ruprecht

Bibliografische Information der Deutschen Nationalbibliothek:
Die Deutsche Nationalbibliothek verzeichnet diese Publikation in der Deutschen Nationalbibliografie; detaillierte bibliografische Daten sind im Internet über https://dnb.de abrufbar.

Satz: SchwabScantechnik, Göttingen
Druck und Bindung: ⊕ Hubert & Co. BuchPartner, Göttingen
Printed in the EU

Vandenhoeck & Ruprecht Verlage | www.vandenhoeck-ruprecht-verlage.com

ISBN 978-3-525-63410-3

Inhalt

Vorwort der Herausgeber

Die Reihe »Praktische Theologie konkret« will Pfarrer*innen, Diakon*innen sowie Mitarbeitende in Kirche und Gemeinde mit interessanten und innovativen Ansätzen in kirchlich-gemeindlichen Handlungsfeldern bekannt machen und konkrete Anregungen zu guter Alltagspraxis geben.

Die Bedingungen kirchlicher Arbeit haben sich in den letzten Jahren zum Teil erheblich verändert. Auf viele heutige Herausforderungen ist man in Studium und Vikariat nicht vorbereitet worden und in einer oft belastenden Arbeitssituation fehlt meist die Zeit zum Studium neuerer Veröffentlichungen. So sind interessante neuere Ansätze und Diskussionen in der Praktischen Theologie in der kirchlichen Praxis oft kaum bekannt.

Der Schwerpunkt der Reihe liegt nicht auf der Reflexion und Diskussion von Grundlagen und Konzepten, sondern auf konkreten Impulsen zur Gestaltung pastoraler Praxis:

- praktisch-theologisch auf dem neuesten Stand,
- mit Informationen zu wichtigen neueren Fragestellungen,
- Vergewisserung über bewährte »Basics«
- und einem deutlichen Akzent auf der Praxisorientierung.

Die einzelnen Bände sind von Fachleuten geschrieben, die praktisch-theologische Expertise mit gegenwärtiger Erfahrung von konkreter kirchlicher Praxis verbinden. Wir erhoffen uns von der Reihe einen hilfreichen Beitrag zu einem wirksamen Brückenschlag zwischen Theorie und Praxis kirchlicher Arbeit.

Dortmund/Göttingen Hans-Martin Lübking und Bernd Schröder

Vorwort

Gelingende Jugendarbeit – vieles scheint dagegen zu sprechen: Jugendkulturen wandeln sich rasch und werden immer unübersichtlicher. Kirchliche Jugendarbeit wirkt mancherorts verstaubt, die Jahrgangsstärken evangelischer Jugendlicher sinken beständig. Manche Engagierten kennen das Gefühl der Resignation, weil Jugendliche nur schwer zu erreichen sind und die klassischen Angebote nicht automatisch »laufen«.

Und doch: Für eine gelingende Jugendarbeit braucht es gar nicht viel. Jugendliche sehnen sich danach, ernst genommen und verstanden zu werden. Dazu muss man nicht das Lexikon der Jugendsprache auswendig können, sondern braucht eine innere Haltung von Zuwendung und Interesse. Junge Menschen stecken voller Ideen und Initiative, manchmal benötigen sie nur einen Raum und das Vertrauen von Erwachsenen, um selbst aktiv zu werden. Bereits Kinder haben Fragen und Sorgen, Anliegen und Hoffnungen, für die das Evangelium einen Resonanzraum bietet. Bei genauer Betrachtung finden sich etliche Anknüpfungspunkte, bei denen junge Menschen gern und in großen Zahlen mit der Kirche in Kontakt sind. Evangelische Kinder- und Jugendarbeit ist also sinnvoll, notwendig und möglich.

Dieses Buch will dazu ermutigen, Jugendarbeit mit frischen Ideen zu gestalten. Manches kann wiederentdeckt, anderes sollte mutig neu ausprobiert werden. Dort, wo kirchliche Jugendarbeit sich an eigene Traditionen fesselt, die einengen, statt zu öffnen, darf fröhlich losgelassen werden – im Vertrauen darauf, dass Gott Menschen auf immer neuen Wegen erreichen und begleiten wird.

Wie wertvoll eine gelingende Jugendarbeit für das eigene Leben sein kann, habe ich selbst dankbar erlebt. Als Teilnehmer und ehrenamtlicher Mitarbeiter in verschiedensten Praxisfeldern (insbesondere bei Freizeiten!), als Landesschülerpfarrer in Württemberg und seit 2018 als Professor für Jugendarbeit an der Evangelischen Hochschule Ludwigsburg bleibe ich dankbar für den reichen Beziehungsraum, der sich mir durch die Jugendarbeit öffnete.

Dieses Buch entstand im intensiven Dialog mit Menschen, die mir zu wichtigen Wegbegleiter*innen geworden sind. Eine erste Fassung konnte ich mit Mitarbeitenden und Studierenden meines Forschungsteams an der EH Ludwigsburg diskutieren, die mich bei der Erstellung immer wieder unterstützt haben: Judith Gross, Manuela Hees, Anika Hintzenstern, Carolin Keller, Marlene Kühner, Mirjam Rutkowski und Sabrina Schaal. Für Anregungen und Überarbeitungshinweise zu ausgewählten Kapiteln danke ich Yasin Adigüzel, Björn Büchert, Reinhold Krebs, Michael Krimmer, Andrea Mohn, Peter Schmidt, Michael Schofer und Henrik Struve, die als Hauptamtliche im Evangelischen Jugendwerk in Württemberg einen Blick aus der Fachpraxis einbrachten. Eine kritische Durchsicht des Manuskripts und wertvolle Diskussionen verdanke ich zudem folgenden Expert*innen aus Wissenschaft und Praxis: Mike Corsa, Günter Kistner, Friedrich Schweitzer, Marc Sieper, Martin Weingardt und Anika Weinsheimer. Die verschiedenen Perspektiven taten nicht nur dem Buch sehr gut, sondern zeigten mir einmal mehr, wie wichtig mir in fachlicher und persönlicher Hinsicht die Beziehungen zu diesen Menschen sind. Den Reihenherausgebern Hans-Martin Lübking und Bernd Schröder sowie Jana Harle vom Verlag danke ich herzlich für die Begleitung beim Entstehen des Buchs.

Ludwigsburg, im Juli 2021 Wolfgang Ilg

Einleitung – Jugendarbeit als Beziehungsraum

Jugendarbeit als Beziehungsraum: Dieser Ansatz bildet das Leitbild der vorliegenden Darstellung zur evangelischen Kinder- und Jugendarbeit. Wenn in den Mittelpunkt nicht Programme, Events oder Themen, sondern vielmehr Beziehungen gestellt werden, entspricht das den positiven Erfahrungen vieler junger Menschen. Jugendarbeit ist für sie attraktiv, weil sie dort anderen begegnen und dabei auch die eigene Identität ausbilden können. Zugleich erweist sich der Beziehungsschwerpunkt als anschlussfähig für eine christliche Sicht auf Jugendarbeit: Der Mensch ist von der Schöpfung her darauf angelegt, zu sich selbst, zu anderen Menschen und zu Gott in Beziehung zu treten. Vielfach wird in der Jugendarbeit folgerichtig von der »Beziehungsarbeit« gesprochen, um die es im Wesentlichen gehe. Dieser Begriff birgt allerdings eigene Probleme, transportiert er doch das Missverständnis, dass Beziehungen sich herstellen, quasi »erarbeiten« lassen könnten. Sowohl für die Beziehungen unter Menschen als auch für die Beziehung zwischen Mensch und Gott gilt jedoch, dass sie nur unter der Bedingung von Freiheit wachsen und sich entfalten können. Das Bild vom »Beziehungsraum« erscheint mir daher passender: Ein Raum bietet Gelegenheiten, er ist Schutzhülle und Rahmung, erzwingt aber nichts. Der Beziehungsraum Jugendarbeit lädt zu Begegnungen ein. Geeignete Impulse und Programmangebote können dazu anregen, dass Beziehungen entstehen und dass an einem guten Miteinander gearbeitet wird – und doch bleiben Beziehungen unverfügbar, entziehen sich menschlicher Machbarkeit.

Beziehungsraum

Das Bild vom Beziehungs*raum* verhilft zudem dazu, die Aufgabe von Verantwortlichen zu beschreiben: Sie sind – um im Bild zu bleiben – zunächst einmal Gastgebende, schaffen also eine Umgebung, in der man gern Beziehungen knüpft. So mancher Raum der Jugendarbeit muss von Spinnweben befreit werden, braucht eine Loslösung von den örtlichen Traditionen, um der jeweils nächsten Generation eigene Spielräume zu eröffnen. Haupt- und Ehrenamtliche agieren dabei nicht nur als Ermöglicher*innen für die Gemeinschaft einer Gruppe von jungen Menschen, sondern können selbst als Bezugspersonen bedeutsam für Jugendliche werden.

Das vorliegende Buch versteht sich als Ermunterung, den Beziehungsraum Jugendarbeit mitzugestalten. Da ein Raum nicht losgelöst von seiner Umgebung wahrgenommen werden kann, bietet Kapitel 1 zunächst eine Einbettung in die aktuelle Situation kirchlicher Jugendarbeit. Der Blick auf Beziehungen bestimmt im 2. Kapitel die theologischen und pädagogischen Grundlagen für gelingende Jugendarbeit. Noch stärker als viele andere kirchliche Felder ist die Lebenswelt Jugendarbeit einem permanenten Wandel unterworfen – Kapitel 3 enthält ein Update zu veränderten Rahmenbedingungen und Themen. Ganz konkret wird es in den Anregungen für die Praxis des 4. Kapitels. Unter den besonderen Fällen und Themen in Kapitel 5 geht es um Seelsorge in Krisensituationen, Kinderschutz und den Neustart »bei null«. Zehn goldene Regeln sowie einige der für das Feld der Jugendarbeit reichlich vorhandenen Praxismaterialien werden im abschließenden Anhang vorgestellt.

Der hier unternommene Versuch, in knapper Form einen praxisorientierten und zugleich wissenschaftlich fundierten Überblick über die evangelische Kinder- und Jugendarbeit zu bieten, füllt eine Lücke bisheriger Publikationen zur Jugendarbeit. Er richtet sich einerseits an Studierende und engagierte Ehrenamtliche, andererseits auch an Pfarrer*innen, Diakon*innen und Gemeindepädagog*innen, die sich einen Überblick verschaffen wollen, ohne dabei alle Komplexitäten auszuloten.

Eine notwendige Klärung betrifft die verwendeten Begriffe: Vielfach wird im Folgenden zur sprachlichen Vereinfachung nur von *Jugendarbeit* gesprochen, auch wenn damit zumeist die *evangelische Kinder- und Jugendarbeit* insgesamt gemeint ist. Im Blick auf das Altersspektrum steht im vorliegenden Buch die Arbeit mit Jugendlichen, also den 14- bis 17-Jährigen, im Fokus. Viele Impulse des vorliegenden Buchs lassen sich aber auch auf die Arbeit mit Kindern ab dem Schulalter (ca. 6 bis 13 Jahre) und jungen Erwachsenen (18 bis 26 Jahre) übertragen. Die Bestimmung als *evangelische* oder *kirchliche* Jugendarbeit ist dort gesetzt, wo der spezifisch theologische Aspekt besonders relevant ist, viele Hinweise zur Jugendarbeit gelten auch für die allgemeine Jugendarbeit außerhalb der Trägerschaft von Kirche oder christlichen Jugendverbänden. Auf Abgrenzungen zwischen evangelischer und katholischer Jugendarbeit wird nur wenig Wert gelegt, weil der konfessionelle Charakter in der Praxis zunehmend an Gewicht verliert.

Da das Buch vorwiegend auf die Praxis zielt, sind Literaturverweise zurückhaltend gesetzt – das Literaturverzeichnis ab S. 126 bietet dennoch eine Sammlung der zentralen aktuellen Veröffentlichungen und lädt zur Vertiefung der notwendigerweise kurzen Kapitel ein.

1 Die Situation kirchlicher Jugendarbeit

1.1 Drei Szenen aus der Praxis

1)

»Wenn es den Teenclub nicht gäbe – mein Leben wäre deutlich einsamer.« Die 15-jährige Lara sitzt nachdenklich auf einer Mauer und schaut vom Campingplatz aus auf den See, in dem der Großteil der Gruppe begeistert einem Wasserball nachjagt. Am Ende der Kleingruppenzeit, in der es heute um Erfahrungen in der Familie ging, waren ihr die Tränen gekommen. Antonia, ehrenamtliche Leiterin der Freizeit, hatte es bemerkt und sie in einem ruhigen Moment gefragt, ob sie noch mehr erzählen will. Nun berichtet Lara, wie ihr die Trennung ihrer Eltern und die schlechten Noten in der Schule zu schaffen machen. »Wenn ich montags befürchte, dass ich die Woche nicht durchhalte, denke ich an den Freitagabend. Da ist Teenclub im Gemeindehaus, in dem ich mich einfach wohlfühle. Irgendwie herrscht da eine besondere Atmosphäre. Ich muss mich nicht so verstellen, kann auch mal über Schwächen reden. Die Lieder, die wir singen, geben mir Kraft und helfen mir, meinen Glauben an Gott nicht zu verlieren. Das Programm ist auch gut, aber am wichtigsten ist einfach, miteinander Zeit zu haben für Blödsinn und ernste Themen. Und dass du, Antonia, mir immer wieder zuhörst und mich jetzt zur Freizeit eingeladen hast, tut mir gut. Danke, dass ich in der Jugendarbeit einfach die sein kann, die ich bin.«

eine besondere Atmosphäre

2)

Leon und Stanislav stehen frustriert im Kirchenraum. Heute Abend sollte die Bandprobe für den Jugendgottesdienst stattfinden. Es war schwierig genug, über die Whatsapp-Gruppe alle zum Kommen zu motivieren. Jetzt stehen zwar die vier Bandmitglieder und eine neue Konfirmandin (E-Bass, endlich!) im Altarraum. An eine Probe ist aber nicht zu denken. Von der Empore her füllen Orgelklänge den Raum. »Ich übe immer freitagabends, das weiß man doch«, zeigte sich die

Organistin der Gemeinde pikiert, als die jungen Leute eintrafen. Die Bandprobe hatte der Pfarrer wohl mal wieder nicht in den Gemeindekalender eingetragen. »Mir reicht's«, sagt Leon und packt seine Sachen. »Schon seit drei Jahren warten wir darauf, dass wir zumindest mal ein kleines Mischpult bekommen, während für die Orgelrenovierung ein eigener Förderverein gegründet wurde. Was wir hier machen, interessiert doch sowieso niemanden. Dann überlassen wir die Kirche halt ganz den Alten!«

Die Kirche den Alten überlassen?

3)
»Jugendliche erreichen« lautete der Titel des Fortbildungsabends, zu dem sich Gemeindepädagogin Birgit angemeldet hat. Neben ihr sitzt die ehrenamtliche Leiterin der Jugendblaskapelle des örtlichen Musikvereins. Beim Austausch merken beide, wie ähnlich ihre Probleme sind: Was sie anbieten, scheint nicht unbedingt im Trend zu liegen, die Jugendlichen lassen sich nur schwer ansprechen, schon gar nicht für regelmäßige Aktivitäten. Als der Referent jedoch beim Thema »Ressourcen zur Gewinnung Jugendlicher« darum bittet, in einer Eigenarbeitsphase einige Fragen für die eigene Organisation zu beantworten, kommt Birgit ins Nachdenken: »Gibt es eine hauptamtliche Struktur in Ihrer Institution?« – Naja, Pfarrer, Gemeindepädagogin und Sekretariatsanteile, das ist mehr als nichts, der Musikverein kann davon nur träumen. »Welche Zugänge haben Sie zur örtlichen Schule?« – Während die Leiterin der Jugendblaskapelle hier einen dicken Strich zieht, muss Birgit nicht lange überlegen: Sie unterrichtet ja selbst einige Stunden Evangelische Religion an der örtlichen Schule. »An welchen Punkten kommen Sie in Kontakt mit ›neuen‹ Jugendlichen?« – Die Musikerin nebenan freut sich über die bis zu fünf jungen Menschen, die beim jährlichen »Schnupperabend« reinschauen, wenn dieser intensiv beworben wird. Birgit denkt an die zwanzig Konfirmand*innen, die letzte Woche erstmals das Gemeindehaus betreten haben. »Vielleicht«, so resümiert Birgit nach diesem Abend, »haben wir doch ganz gute Voraussetzungen für eine gelingende Jugendarbeit – könnten wir daraus nicht mehr machen?«

gute Voraussetzungen

Drei Szenen, die Lust und Frust der Jugendarbeit exemplarisch abbilden. Chancen und Herausforderungen liegen in diesem Feld nahe beieinander. Mancherorts überwiegen Erfahrungen wie im Beispiel von der Bandprobe: Jugendliche erleben Kirche zuweilen als wenig jugendfreundlich und wenden sich ab. Das vorliegende Buch will solche Probleme nicht ignorieren, lädt aber zu einem Perspektivenwechsel ein: Auch wenn die Jugendarbeit mancherorts nur schleppend zu laufen scheint, gibt es ungeahnte Möglichkeiten zu entdecken. Die Voraussetzungen der Kirche, Jugendliche zu erreichen, sind im Blick auf äußere Voraussetzungen (Räume, Personal, Finanzen, Strukturen) hervorragend. Allerdings ist Jugendarbeit eine Chance nicht in erster Linie für die Kirche, sondern für junge Menschen. Was alle Aktivitäten der Jugendarbeit antreibt, sind Erfahrungen, wie sie die 15-jährige Lara im ersten genannten Beispiel erzählt:

> Gute kirchliche Jugendarbeit bietet einen Raum für Beziehungen und Gemeinschaft, und sie lädt dazu ein, die Menschenfreundlichkeit Gottes zu entdecken.

1.2 Junge Menschen und die evangelische Kirche

Wenn im Folgenden von kirchlicher Jugendarbeit die Rede ist, dann ist damit im engeren Sinne eine Arbeitsform nach § 11 des Achten Sozialgesetzbuchs gemeint (vgl. zu den rechtlichen Rahmenbedingungen Kapitel 3.2). Allerdings gestaltet sich die Beziehung zwischen Kirche und jungen Menschen wesentlich weiter als nur im klar beschriebenen Feld der Jugendarbeit. Daher soll zunächst ein Blick auf das nicht immer ganz einfache Wechselverhältnis zwischen jungen Menschen und der evangelischen Kirche geworfen werden, und zwar aus beiden Perspektiven.

Die traditionelle Perspektive der Kirche: evangelisch von Anfang an

Für die meisten Kirchenmitglieder in Deutschland begann ihre Beziehung zur Kirche zu einem Zeitpunkt, an dem sie darüber nicht selbst bestimmen konnten: Mit der Taufe vollzieht sich nicht nur ein geistliches Geschehen, sondern auch die Aufnahme in die Institution Kirche. Auch wenn sowohl die absoluten Zahlen getaufter Menschen als auch der Anteil evangelischer Eltern, die sich für die (Säuglings-)Taufe ihres Kindes entscheiden, sinken, gilt für den überwiegenden Teil der Kirchenmitglieder, dass sie sich nicht an eine Zeit erinnern können, in der sie kein Kirchenmitglied waren. Anders als bei vielen anderen Mitgliedschaftsverhältnissen, beispielsweise einem Fitnessstudio, beschäftigt man sich bei der Kirche nicht zunächst mit ihren Inhalten und Angeboten, um sich dann bewusst zur Mitgliedschaft zu entscheiden. Die eigene Kirchenmitgliedschaft ist immer schon da und droht zuweilen sogar in Vergessenheit zu geraten, da dieses Mitgliedschaftsverhältnis auch dann unbeschadet fortgeführt werden kann, wenn kein direkter Kontakt zur Kirche und ihren Aktivitäten besteht.

In der Säuglingstaufe wird dieser Umstand mit bedacht. Verbunden mit der Frage an Eltern und Pat*innen, ob das Kind getauft werden soll, versprechen diese, das Kind mit Glauben und Kirche bekannt zu machen. Eine Kirche, die (aus guten Gründen) kleine Kinder tauft, muss daher Sorge dafür tragen, dass Heranwachsende in altersgemäßer Form nachvollziehen können, womit sie inhaltlich und institutionell am Taufstein verbunden wurden. Dass die Kirche also altersgemäße Angebote für Kinder und Jugendliche bereithält, ergibt sich nicht zuletzt aus einer theologisch verantworteten Praxis der Säuglingstaufe.

Jugendarbeit als Konsequenz der Kindertaufe

Die konkreten Formen kirchlicher Angebote junger Menschen ziehen sich durch alle Lebensbereiche: Sie beginnen bei der Krabbelgruppe, haben einen wichtigen Bezugspunkt in den evangelischen Kindertagesstätten (ein Drittel der Kitas in Deutschland befinden sich in kirchlicher Trägerschaft) und setzen sich fort in Angeboten wie Kindergottesdienst, Jungschargruppen, Kinderbibelwochen oder der Christenlehre. Zur (bislang eher geringen) Vernetzung all dieser Angebote finden sich Anregungen in Kapitel 3.10, einen Überblick zu gemeindepädagogischen Angeboten bietet Bubmann u. a. (2019).

Eine besondere biografische Rolle im Aufwachsen eines evangelischen Kirchenmitglieds spielt die Konfirmation, die im Alter der Religionsmündigkeit, also mit 14 Jahren, angesetzt ist. Im feierlichen Gottesdienst bekräftigen die Jugendlichen, dass sie den Weg mit Glauben und Kirche, den ihre Eltern für sie in der Kindheit gewählt hatten, weitergehen wollen.

Konfi-Arbeit

Die Konfi-Arbeit stellt mit über 150.000 Jugendlichen pro Jahr eines der größten non-formalen Bildungsfelder dar. Allerdings bedeutet das Ende der Konfi-Zeit zugleich eine Sollbruchstelle für viele Jugendliche in ihrem Bezug zur Kirche: Nur die wenigsten besuchen nach Ableistung der vielerorts üblichen (und, wie in Kapitel 2.1 ausgeführt wird, eher schädlichen) Gottesdienstpflicht noch die Sonntagsgottesdienste. Aber auch die Übergänge in Jugendgruppen oder eine eigene Mitarbeit gelingen nur dort, wo geeignete Konzepte bewusst umgesetzt werden. Über die evangelische Jugendarbeit kann jedenfalls ohne den Bezug zur Konfi-

Arbeit kaum sinnvoll nachgedacht werden, beide Arbeitsfelder profitieren stark von einer gut geklärten Kooperation (zu praktischen Aspekten vgl. Kapitel 4.1).

Religionsunterricht

Neben der Konfi-Arbeit bietet der evangelische Religionsunterricht in den meisten Bundesländern ein in der Breite wahrgenommenes Begegnungsfeld mit dem christlichen Glauben und auch mit der Institution Kirche. Der in Artikel 7 des Grundgesetzes festgelegte Status des konfessionellen Religionsunterrichts als »ordentliches Lehrfach«, das »in Übereinstimmung mit den Grundsätzen der Religionsgemeinschaften erteilt« wird, ermöglicht (und erwartet!) seitens der Kirchen eine Bildungsverantwortung auch im Bereich der öffentlichen Schule. Nicht nur über die Inhalte der kirchlich verantworteten Bildungspläne, sondern auch über das Lehrpersonal bietet der Religionsunterricht eine Kontaktfläche zum evangelischen Glauben, die bei Verantwortlichen für die gemeindliche Jugendarbeit überraschend wenig im Blick ist.

Über die genannten Stationen – Säuglingstaufe, gemeindepädagogische Angebote für Kinder, Konfi-Arbeit, Religionsunterricht – ergibt sich für die evangelische Kirche also nach wie vor eine intensive Präsenz im Leben der jungen Kirchenmitglieder. Nach der Konfirmation lassen diese Kontakte jedoch zumeist nach. Bei jungen Erwachsenen herrscht im Blick auf geregelte Kontakte mit der Kirche oftmals Fehlanzeige, sodass für viele Kirchenmitglieder erst die Familiengründung mit kirchlicher Trauung und der Taufe eigener Kinder wieder einen konkreten Kontakt zur Kirchengemeinde mit sich bringt. Gelingende Angebote der Jugendarbeit sollten daher für die Kirche als äußerst bedeutsam angesehen werden.

Die Perspektive junger Menschen: Kirche als irrelevante Größe – oder als Raum gestaltbarer Möglichkeiten

Nachdem der vorherige Abschnitt von der »kirchlichen Standardbiografie« ausgeht, erweisen sich die Dinge als grundlegend anders, wenn man Kirche aus der Perspektive junger Menschen zu betrachten versucht.

Diskontinuitäten

Stärker als in früheren Jahren bestimmen Diskontinuitäten das Leben von Heranwachsenden. Regionale oder institutionelle Verwurzelungen verlieren ihre Selbstverständlichkeit, die Lebensgestaltung wird beweglicher und kurzfristiger. Die Idee eines parochial planbaren »Gesamtkatechumenats«, bei dem der junge Mensch einen kirchlich abgesteckten Weg von der Wiege bis zur Bahre im Umfeld seiner Kirchengemeinde absolviert, wirkt wie aus der Zeit gefallen. Auch wenn noch immer etwa die Hälfte der jungen Menschen in Deutschland einer der beiden großen Kirchen angehört, hat sich das Verhältnis zur Institution Kirche deutlich gewandelt.

Empirische Jugendstudien zeichnen ein skeptisches, allerdings nicht nur negatives Bild der jugendlichen Sicht auf die Kirche. In den ersten beiden Jahrzehnten des 21. Jahrhunderts hat den jüngsten Shell-Jugendstudien zufolge die subjektiv empfundene Wichtigkeit des Glaubens sowohl bei katholischen als auch bei evangelischen Jugendlichen deutlich nachgelassen. In der Shell-Jugendstudie 2019 stuft nur jede*r vierte evangelische Befragte für sich als wichtig ein, an Gott zu glauben, während diese Quote bei muslimischen Jugendlichen dreimal so hoch liegt (Deutsche Shell 2019, 153). Eine differenziertere Studie zu jugendlichem Glauben konnte zeigen, dass für Jugendliche vor allem die Selbstbeschreibung als »religiös« abgelehnt wird, während sie sich deutlich eher als »gläubig« bezeichnen. Darin wird eine zunehmende Entfremdung gegenüber kirchlichen Institutionen sichtbar, die aber nicht gleichgesetzt werden darf mit dem Abschied von Glaubens- und Sinnfragen (Schweitzer u. a. 2018, 70–72). Die V. Kirchenmitgliedschaftsuntersuchung der EKD bescheinigt den Jugendlichen vor dem Hintergrund der Individualisierungstheorie und der (allerdings zurecht umstrittenen) Säkularisierungsthese eine geringe Kirchenverbundenheit, die vor allem mit dem »›Abflauen‹ der religiösen Sozialisation« erklärt wird (Pickel 2015, 150).

Entfremdung gegenüber kirchlichen Institutionen

Dabei zeigen die Studien auch, dass die meisten Jugendlichen keine grundsätzliche Abneigung gegen Kirche hegen, ihnen wird vielfach nur nicht deutlich, was diese Kirche mit ihnen zu tun haben sollte. Die fehlende Relevanz der Kirche ergibt sich dabei aus einer doppelten Wahrnehmung: Zum einen erscheinen die Inhalte, für die Kirche steht, als eher verstaubt und unverständlich. Zum anderen gelingt es der Kirche nicht, jungen Menschen zu verdeutlichen, welche konkrete Bedeutung sie für deren Leben haben könnte. Sofern der Kirchensteuerbescheid beim Eintritt in das Erwerbsleben das einzige wahrnehmbare Kommunikationsgeschehen zwischen Kirche und Kirchenmitglied darstellt, erscheint ein Kirchenaustritt, der oft in dieser Phase erfolgt, durchaus plausibel.

fehlende Relevanz der Kirche

Die distanzierte Beziehung zwischen jungen Menschen und Kirche trifft nicht auf die gesamte junge Generation zu. Ein anderes Bild stellt sich da ein, wo Jugendliche im kirchlichen Bereich Räume finden, die sie mitgestalten und sich aneignen können. Wenn sie Freiheiten zur eigenständigen Gestaltung erleben und sich dabei auf ihre Weise mit Lebens- und Glaubensfragen auseinandersetzen können, erweist sich Kirche als ein Ort der Möglichkeiten. Junge Menschen bevölkern dann im Sommer den Pfarrgarten, gestalten aus eigener Initiative gemeinsame Wochenenden, arbeiten beim Konfi-Camp mit und setzen sich für Klimaschutz oder geflüchtete Menschen ein. Wo dies gelingt, wird Kirche als ein weites Dach wahrgenommen, unter dem junge Menschen sich mit eigenen Themen für das Gemeinwesen einbringen können. Genau diese Form der Mitgestaltung der eigenen Lebenswelt bezeichnet das Kinder- und Jugendhilferecht als »Jugendarbeit«. Manchen Untergangsannahmen zum Trotz bildet die kirchliche Jugendarbeit nach dem Sport aktuell den größten Bereich, in dem junge Menschen an einer Gruppe teilnehmen. Laut dem 16. Kinder- und Jugendbericht sind 19 % der 12- bis 17-Jährigen in einer kirchlichen oder religiösen Gruppe aktiv, und damit mehr als in Musikvereinen, den »Blaulichtorganisationen« (Feuerwehr, THW, DLRG) oder Umweltgruppen (BMFSFJ 2020, 377).

Kirche als Ort der Möglichkeiten

1.3 Halbierte Zahlen – ganze Menschen: demografische Perspektiven

Die nachlassende Bedeutung der Kirche klang bereits verschiedentlich an. Um dies genauer zu verstehen, hilft ein Blick auf die Mitgliedschaftszahlen, die in Deutschland seit vielen Jahren zurückgehen. Die Gründe dafür liegen einerseits in der allgemeinen Demografie, also einer Alterspyramide mit relativ vielen Älteren und wenigen Jüngeren. Andererseits sorgen sinkende Taufquoten und steigende Austrittszahlen – bestärkt durch kirchliche Skandale – dafür, dass sowohl die katholische als auch die evangelische Kirche deutlich an Mitgliedern verlieren. Ein Team der Universität Freiburg hat im Jahr 2019 eine Projektion für die Zukunft der Kirchenmitgliedschaft vorgelegt. Wenn die Trends so bleiben wie in den Jahren vor der Berechnung, werden beide große Kirchen bis im Jahr 2060 etwa die Hälfte ihrer Mitglieder verlieren und dabei auch die Hälfte ihrer Kirchensteuerkraft einbüßen (Gutmann/Peters 2021).

Halbierung bis 2060

Abb. 1 zeigt auf, was diese Vorausberechnung im Blick auf die Anteile der Konfessionszugehörigkeit der 6- bis 18-Jährigen in Deutschland bedeutet: Waren bis 2019 bundesweit noch mehr als die Hälfte der Schüler*innen Kirchenmitglieder, so wird bereits 2030 mit einer Quote von nur noch 40 % (19 % evangelisch, 21 % katholisch) gerechnet. Schon in wenigen Jahren wird also nur noch jeder fünfte junge Mensch der evangelischen Kirche angehören – natürlich mit regionalen Unterschieden.

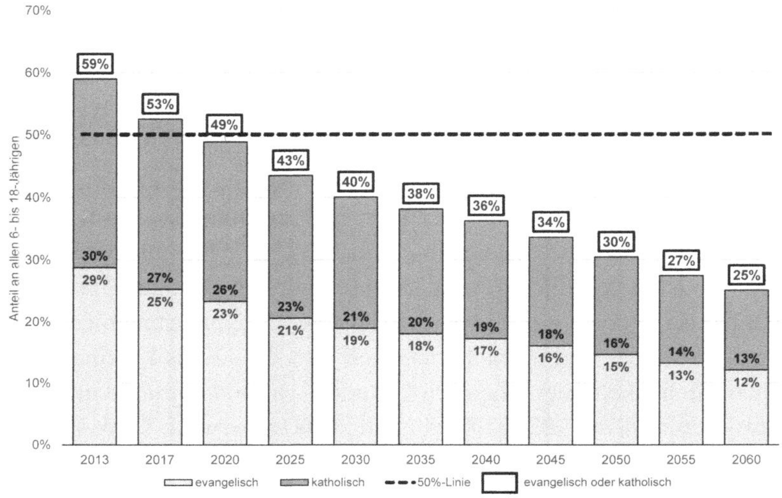

Abb. 1: Anteil evangelischer und katholischer 6- bis 18-Jähriger an gleichaltriger Bevölkerung im Zeitverlauf. *Quelle: Peters u. a. 2019, 202.*

Eine realitätsbezogene Jugendarbeit kann vor diesen Entwicklungen nicht die Augen verschließen und wird sich konzeptionell darauf einstellen müssen. Neben den Auswirkungen auf die Kirchensteuer und geringere finanzielle Spielräume ergeben sich vor diesem Hintergrund wichtige inhaltliche Orientierungen. Einige Konsequenzen, die sich aus diesem Gesamttrend für die Gestaltung der Jugendarbeit ziehen lassen, sollen im Folgenden benannt werden:

Krise der Großorganisationen

Zunächst darf der deutliche Rückgang der Mitgliederzahlen nicht vorschnell zur Annahme führen, Kirche sei für die Menschen in Deutschland nicht mehr attraktiv. Wenn manche kirchlich Verantwortliche das Gefühl beschleicht, sie seien Teil der Crew eines untergehenden Schiffs, kann ein Blick auf die anderen Boote im Ozean helfen. Die meisten gesellschaftlichen Großorganisationen wie Parteien oder Gewerkschaften befinden sich zahlenmäßig im Sinkflug – so hat sich die Mitgliederzahl der Parteien in Deutschland in den letzten dreißig Jahren halbiert. Auch mit geschrumpften Mitgliederzahlen gehören die Kirchen zu den größten gesellschaftlichen Akteurinnen. Ihr Ansehen bei den meisten jungen Menschen ist grundsätzlich positiv. Zudem kann im weltweiten Horizont keineswegs von einem allgemeinen Rückgang der Religion gesprochen werden.

Wie die EKD mit ihrem Slogan »Kirche im Umbruch« (EKD 2019) bei der Vorstellung der Freiburger Studie signalisierte, sollten die anstehenden Veränderungen nicht als Abbrüche, sondern als Umbrüche gesehen werden – was Mut zum Umdenken erfordert. Wer das Bewährte mit immer kleineren Teilnahmezahlen lediglich fortführen will, begibt sich in ein Rückzugsgefecht, das auf Dauer nicht gewonnen werden kann. Gefragt sind daher Aufbrüche und neue Formen, die in die neuen Zeiten passen. Irritierenderweise erweist sich die Jugendarbeit aber längst nicht überall als ein Ort des Aufbruchs, sondern ist oftmals vom Beharren auf etablierte Strukturen gekennzeichnet. Wer, wenn nicht junge Menschen, könnten in der Kirche ein Signal dafür setzen, dass Kirche auch in Zeiten rückläufiger Zahlen zu Aufbrüchen und neuen Initiativen in der Lage ist?!

Jugendarbeit als Ort des Aufbruchs?

> Wenn die Zahl der eigenen Schäfchen abnimmt, wird klar: Den Kooperationen gehört die Zukunft, auch im Feld der Jugendarbeit!

Ein Jugendgottesdienst, der gemeinsam mit Nachbargemeinden gestaltet wird, ist auch bei zurückgehenden Jahrgangsgrößen durchführbar. Die ökumenische Öffnung und Zusammenarbeit bei Gruppen und Veranstaltungen dürfte sich für die evangelische und katholische Jugendarbeit als Win-win-Situation erweisen, wobei hier an verschiedene Ausprägungsgrade zu denken ist: Die Offenheit für nicht evangelische Teilnehmende (und Mitarbeitende!) ist bereits an vielen Stellen umgesetzt. Absprachen mit den umliegenden christlichen Trägern (auch aus dem Bereich der eigenständigen Jugendverbände und Freikirchen) vermeiden kräftezehrende Konkurrenzen. An bestimmten Stellen, beispielsweise in der schulbezogenen Jugendarbeit, erscheint auch eine vertraglich und finanziell geklärte Kooperation mit anderen Trägern, der Schule oder der Kommune als sinnvoll.

gemeinwesenorientierte Aktivitäten

Eine rein innergemeindliche Jugendarbeit wird sich auf eine kleiner werdende Zielgruppe einstellen müssen. Gemeinwesenorientierte Aktivitäten, beispielsweise in Form offener oder schulbezogener Jugendarbeit, sollten ausgebaut werden. Wo die kirchliche Jugendarbeit sich für alle Jugendlichen einsetzt, ist der Staat an das Prinzip der Subsidiarität zu erinnern (vgl. Kapitel 3.2). Kirchengemeinden und Jugendverbände werden bei Kommunen oft auf offene Türen für die (Mit-)Finanzierung hauptamtlicher Kräfte für gemeinwesenorientierte Angebote stoßen, insbesondere dann, wenn sie ihre Kompetenzen, Ressourcen und ihr Netzwerk an Ehrenamtlichen zum Wohl aller einbringen.

theologische Sprachfähigkeit

In der neuen gesellschaftlichen Situation wird es immer wichtiger, sich bei evangelischen Angeboten verstärkt auch auf junge Menschen mit nicht christlicher Religionszugehörigkeit sowie auf Konfessionslose einzustellen. Damit ist eine neue theologische Sprachfähigkeit erforderlich. Eine EKD-Veröffentlichung zur religiösen Bildung angesichts von Konfessionslosigkeit (EKD 2020b) fasst dies in das Bild der *Dreisprachigkeit:* Die Kommunikation des Evangeliums geschieht zunächst innerhalb der (durchaus vielgestaltigen) Gemeinschaft der Christenheit, zweitens im Gegenüber zu Angehörigen anderer Religionen und drittens (vermutlich zunehmend!) im Kontakt mit Menschen, die ihr Leben ohne Bezug zu einer Religion führen. Eine solche Pluralitätsfähigkeit benötigen zunächst die Zuständigen für die evangelische Jugendarbeit. Sie sollte aber zugleich auch ein wichtiges Bildungsziel für die dort erreichten Teilnehmenden sein, die ja in zunehmender religiöser Vielfalt aufwachsen.

junge Erwachsene

Der Blick auf die Entwicklung der Kirchenmitgliedschaft verweist in besonderer Weise auf die Altersgruppe der jungen Erwachsenen. Viele junge Erwachsene in der »Rushhour« des Lebens fühlen sich mit ihrer Kirche kaum verbunden, bezahlen aber eine erhebliche Summe an Kirchensteuer. So verwundert es kaum, dass die Austrittsneigung von Kirchenmitgliedern ihren Höhepunkt ungefähr zwischen dem 25. und 30. Lebensjahr erreicht. In welcher Weise könnte Kirche für diese Altersgruppe relevanter werden? Da oftmals der Umzug aus dem Heimatort einen Abschied aus der Kirchengemeinde und ihrer Jugendarbeit bedeutet, könnten Wege gesucht werden, wie Neuzugezogene angesprochen werden. Über digitale Jugendarbeitsformen ergeben sich zugleich neue Möglichkeiten, die Verbindung der Heimatgemeinde beispielsweise auch zum neuen Studienort aufrechtzuerhalten. Vielleicht bieten die Kirchenaustrittszahlen auch einen Anlass, mit jungen Menschen über das Thema Kirchenmitgliedschaft zu sprechen. Wenn Jugendliche sich darüber freuen, das Gemeindehaus zu nutzen oder bei einer kirchlichen Freizeit teilzunehmen, sollte deutlich gemacht werden, dass solche Einrichtungen nur deshalb existieren, weil dahinter eine Kirche steht, die aus den Kirchensteuerzahlungen wertvolle Angebote für die eigenen Mitglieder sowie für die gesamte Gesellschaft macht. Da es bei der nachlassenden Kirchenmitgliedschaft um ein gesamtkirchliches Problem geht, ist auch die Jugendarbeit gefordert, sich stärker als Teil von Kirche zu positionieren. Neben einer klaren Identifikation der Mitarbeitenden mit der Kirche (die eine kritische Begleitung der Institution einschließt), können Querverbindungen gestärkt werden: Jugendarbeit, Erwachsenenbildung, Diakonie, Internationale Gemeinden, Krankenhausseelsorge. Wer kirchliche Arbeit in dieser Breite wahrnimmt, wird in der Jugendarbeit nicht nur auf den Veränderungsbedarf der Kirche verweisen, sondern auch auf den großen Schatz, den diese Institution darstellt.

Insgesamt sollten die düster wirkenden Mitgliederentwicklungen zwar zu Realismus und Veränderungsbereitschaft führen. Sie dürfen aber nicht den Blick dafür verstellen, dass es im Kern auch bei halben Zahlen immer um den ganzen Menschen geht: So wie im Gleichnis von den 99 Schafen (Matthäus 18,12–13; Lukas 15,4–7) die Zuwendung Gottes zum Einzelnen ganz unabhängig davon erfolgt, wie viele andere mit unterwegs sind, so steht im Mittelpunkt der Jugendarbeit die Beziehung zu jedem jungen Menschen. Veränderte Zahlenverhältnisse fordern die Strukturen heraus und weisen neue Wege – die Kernaufgabe der Beziehungsarbeit wird dadurch aber nicht infrage gestellt. Um dieser Aufgabe nachzukommen, bedarf es der Aufmerksamkeit für jugendliche Lebenswelten, die im folgenden Kapitel dargestellt werden.

1.4 Jugendliche Lebenswelten

Wer Jugendarbeit gestalten möchte, muss wissen, was junge Menschen bewegt. So richtig diese Forderung ist, so wenig kann man ihr genügen. Falsch verstanden kann sie sogar dazu führen, Jugendarbeit als eine Sache ausschließlich für Jugend-Profis zu verstehen und die Finger davon zu lassen, weil man sich nicht genügend im Feld der Jugendkultur auskennt. Wie viel »Jugendexpertise« brauchen Menschen, die sich im Feld der Jugendarbeit engagieren? Welche Themen sind es, die junge Menschen heutzutage beschäftigen? Und wo kann man sich zu aktuellen Lebenswelten Jugendlicher schlau machen?

nur für Profis?

Zunächst gilt: »Die Jugend« gibt es nicht. Als die Jugendforscher Arthur Fischer und Richard Münchmeier einmal von Journalist*innen gebeten wurden, die Erkenntnisse zusammenzufassen, die sich aus der Shell-Jugendstudie ergeben, antworteten sie: »Jugendliche sind jung – und ansonsten ganz verschieden« (vgl. Deutsche Shell 1997, 379). Wer sich mit jugendlichen Lebenswelten beschäftigt, darf keine einfachen Antworten oder allgemeingültige Aussagen erwarten. Die Erkenntnisse von Jugendstudien führen vielmehr zu einer differenzierten Wahrnehmung und sensibilisieren für die Heterogenität heutiger Bedingungen des Aufwachsens.

Für eine gute Jugendarbeit ist weniger eine genaue Kenntnis beispielsweise von angesagten Bands oder Computerspielen wichtig.

> Entscheidend ist eine Haltung, die sich für die individuellen Lebenswelten der jeweiligen Jugendlichen interessiert.

Ein 15-Jähriger erwartet nicht, dass die Pfarrerin der Kirchengemeinde sich mit den neuesten Social-Media-Trends auskennt. Aber er freut sich, wenn sie sich als Erwachsene dafür interessiert und sich etwas zu dieser Thematik erklären lässt. Ohnehin wäre es ein Trugschluss davon auszugehen, dass die in Jugendstudien diskutierten Stichworte für alle Jugendlichen das zentrale Lebensthema darstellen. Wer mit Einzelnen ins Gespräch kommt, erfährt von Themen, die keine Jugendstudie berichten kann, die aber doch entscheidend sind, um die jeweilige Lebenssituation zu verstehen: Dem einen macht eine Krankheit oder starke Allergie das Leben schwer, eine andere kämpft mit den Folgen eines Schicksalsschlags in der Familie oder es dreht sich alles um das lang ersehnte Haustier. Wer sich tatsächlich für Jugendliche interessiert, wird nicht aus Büchern, sondern im direkten Gespräch erfahren, was jeweils von Bedeutung ist. Auch im Blick auf die Persönlichkeitsentwicklung und die jugendtypischen Entwicklungsherausforderungen kommt daher der Jugendarbeit als Beziehungsraum eine große Bedeutung zu, wie in Kapitel 2.4 noch näher dargestellt wird.

Dennoch gibt es generelle Themen und Entwicklungen, die den Rahmen des Aufwachsens in Deutschland bestimmen. Was kennzeichnet nun die Lebenssituation junger Menschen der 2020er-Jahre? Einige Stichworte sollen exemplarisch benannt werden:

Familie

Von zentraler Bedeutung für junge Menschen bleibt die Familie. Auch wenn sich familiäre Lebensformen diversifizieren, lebt die überwiegende Zahl junger Menschen in »traditionellen« Familienverhältnissen mit Mutter, Vater und Geschwistern. Im Jahr 2019 machten Familien mit verheirateten Eltern mehr als zwei Drittel aller Konstellationen aus, gefolgt von Alleinerziehenden und Lebensgemeinschaften mit Kindern.

Der medial zum Teil erweckte Eindruck, dass Patchwork- und Regenbogenfamilien die neue Normalität darstellen, entspricht nicht der Lebenswirklichkeit. So liegt der Anteil gleichgeschlechtlicher Partnerschaften an allen Haushalten mit minderjährigen Kindern unter einem Promille (BMFSFJ 2020, 141). Das Miteinander in der Familie hat für Jugendliche einen hohen Wert und sie sind deutlich zufriedener mit ihren

Eltern und deren Erziehungsstil, als dies am Ende des 20. Jahrhunderts der Fall war. Auch im Blick auf eigene Zukunftsvorstellungen zeigen sich erstaunlich traditionelle Wertvorstellungen: Eine glückliche Familie und Kinder zu haben, ist den meisten sehr wichtig und bei der Aufteilung der Erwerbstätigkeit präferiert die Mehrzahl junger Frauen und Männer ein klassisches Bild mit dem in Vollzeit arbeitenden Mann und einer Frau, die sich schwerpunktmäßig um die Kinder kümmert (Deutsche Shell 2019, 133–150).

Vielfalt

Mehr als ein Drittel der Familien haben einen Migrationshintergrund (vgl. dazu auch Kapitel 3.8). Damit ist die zunehmende Vielfalt zu einem Kennzeichen der jungen Generation geworden. Diese Heterogenität gilt auch im religiösen Bereich: Wie in Kapitel 1.3 gezeigt wurde, unterschreitet der Anteil evangelischer und katholischer Schüler*innen im Bundesgebiet im Jahr 2020 erstmals die Fünfzig-Prozent-Marke. Die Wichtigkeit des Glaubens an Gott lässt immer mehr nach, zumindest bei christlichen Jugendlichen. Jungen Muslim*innen ist ihr Glaube dagegen zumeist sehr bedeutsam. Drei Viertel der jungen Kirchenmitglieder und fast die Hälfte der jungen Konfessionslosen finden es »gut, dass es die Kirche gibt«, allerdings stimmt eine Mehrheit auch der Aussage zu, die Kirche müsse »sich ändern, wenn sie eine Zukunft haben will« (Deutsche Shell 2019, 150–157).

Schule

Die Schule hat in den letzten Jahren an Bedeutung gewonnen. Dies gilt einerseits im Blick auf ihre zeitliche Ausdehnung (Zunahme von Ganztagsschulen), andererseits aber auch hinsichtlich der Rolle, die sie als Lebenswelt und zentrales Gesprächsthema für Jugendliche und deren Familie spielt (»Scholarisierung«). Der Trend zu immer höheren Schulabschlüssen, auch verbunden mit einer höheren Übergangsquote auf Hochschulen, ist bei vielen mit einem spürbaren Leistungsdruck verbunden, der nicht selten zu psychischen Belastungen führt. Die evangelische Jugendarbeit erreicht typischerweise Jugendliche aus bildungsfernen Familien weniger gut, auch die Ehrenamtlichen werden oft aus dem gymnasialen Bereich gewonnen. Nicht aus dem Blick geraten dürfen die ungefähr 6 % der Jugendlichen, die keinen Hauptschulabschluss schaffen und sich oftmals als Verlierer*innen im Leistungswettbewerb fühlen (Hurrelmann/Quenzel 2016, 111–122).

Peergroups

Im Kontext der Schule – und damit oftmals nach Bildungsschichten segregiert – bilden sich zumeist auch Freundeskreise und Cliquen heraus. Mit zunehmendem Alter werden die Peergroups, also die Gruppen von Gleichaltrigen, zu einer bedeutsamen Sozialisationsinstanz neben

Familie und Schule. Wenn sich solche Peergroups schulübergreifend zusammenfinden, ist das oftmals den Freizeitaktivitäten zu verdanken. Sich mit Freund*innen zu treffen wird von den meisten Jugendlichen als die wichtigste nicht-mediale Freizeitaktivität genannt. Neben Sportvereinen spielt die offene und verbandliche Jugendarbeit als Ort für das Entstehen von Freundschaften eine wichtige Rolle.

Mediennutzung

Im Blick auf die Mediennutzung gehört das Smartphone bei fast allen Jugendlichen ganz selbstverständlich zu ihrem Leben. Es ist fast jederzeit präsent, sodass Offline- und Online-Leben fließend ineinander übergehen. Der Messengerdienst Whatsapp hat sich (ungeachtet des von Whatsapp vorgesehenen Mindestalters von 16 Jahren) als Quasi-Standard ab dem Teenageralter etabliert, auf den weiteren Plätzen beliebter Apps folgen Instagram®, Youtube und Snapchat®. Wie schnell sich mediale Trends verändern, wird daran deutlich, dass die Nutzung von Facebook® innerhalb weniger Jahre bei Jugendlichen aus der Mode gekommen ist und neue Apps wie TikTok schon kurze Zeit nach ihrer Einführung einen hohen Verbreitungsgrad erreichen (Medienpädagogischer Forschungsverbund Südwest 2020).

Jugendstudien

Die angerissenen Themen bleiben in der hier gebotenen Kürze unvollständig. Ohnehin befinden sich die Lebenswelten junger Menschen in einem permanenten Wandel. Wer aktuell informiert sein möchte, konsultiert am besten die regelmäßig erscheinenden empirischen Jugendstudien. Die wichtigsten werden im Folgenden kurz vorgestellt:

- Als bedeutendste Referenz mit jahrzehntelanger Tradition hat sich die *Shell-Jugendstudie* etabliert (zuletzt: 18. Shell-Jugendstudie: Deutsche Shell 2019). Die vom bekannten Mineralölkonzern finanzierte (inhaltlich aber unabhängige) Studie legt in Abständen von ca. vier Jahren die Ergebnisse einer repräsentativen Jugendbefragung vor, auch mit Fragen zu Religion und Glaube.
- In der medialen Wahrnehmung konnten zuletzt die *Sinus-Jugendstudien* punkten, die ebenfalls im vierjährigen Turnus aktualisiert werden (zuletzt: Calmbach u. a. 2020). Unter dem Titel »Wie ticken Jugendliche?« präsentiert das Sinus-Team folgende Typenbildung: In ein zweidimensionales Kategoriensystem aus Bildungsniveau und normativer Grundorientierung werden sieben Lebenswelten eingezeichnet, die den Sinus-Milieus entsprechen und mit der bekannten »Kartoffelgrafik« dargestellt werden (Calmbach u. a. 2020, 43–47). Die modern aufgemachten und mit Fotos von Jugendzimmern illustrierten Sinus-Veröffentlichungen suggerieren leicht zu verstehende »Jugendtypen«

und finden insbesondere im kirchlichen Bereich dankbare Abnehmer*innen. Aus wissenschaftlicher Sicht sollten die nicht repräsentativen Studien, die sich jeweils auf Interviews mit nur 72 Jugendlichen bundesweit stützen, jedoch kritisch betrachtet werden (vgl. Ilg 2014b).

- Daten zum Medienverhalten junger Menschen liefert die jährlich aktualisierte *JIM-Studie* (Jugend, Information, Medien), die vom Medienpädagogischen Forschungsverbund Südwest herausgegeben wird (zuletzt 2020). Sie bietet verlässliche Informationen beispielsweise zur Medienausstattung und zu den beliebtesten Internetangeboten, daneben aber auch zu Freizeitaktivitäten abseits der Mediennutzung. Den Altersbereich von Kindern deckt die parallel erscheinende KIM-Studie (Kindheit, Internet, Medien) ab. Beide Studienreihen werden online zur Verfügung gestellt.
- Eine soziologische Einführung findet sich im Überblickswerk *Lebensphase Jugend* (13. Auflage: Hurrelmann/Quenzel 2016). Zu den wichtigsten Lebensbereichen werden aktuelle Daten und Entwicklungen in kompakter Form zusammengeführt, beispielsweise zu Bildung, Familie, Freizeit oder Wertorientierungen.
- Eine zentrale Publikation, die sich mit den Themen »Jugend« und »Jugendhilfe« aus wissenschaftlicher Perspektive befasst und diese mit einem Kommentar aus bundespolitischer Sicht verbindet, ist der *Kinder- und Jugendbericht.* Einmal pro Legislaturperiode, und damit alle vier Jahre, wird dieser Bericht in Auftrag gegeben, jeder dritte Bericht (zuletzt 2013) wird als Gesamtbericht verfasst, die weiteren Berichte fokussieren jeweils ein spezifisches Thema. Zuletzt erschien der 16. Kinder- und Jugendbericht mit dem Themenschwerpunkt »demokratische Bildung« (BMFSFJ 2020), der in Kapitel 3.5 näher vorgestellt wird.

2 Theologische und pädagogische Grundlagen

Fasst man die Situationsbeschreibung aus dem ersten Kapitel zusammen, so wird deutlich: Evangelische Jugendarbeit bewegt sich in einer Zeit starker Veränderungen – sowohl im Blick auf die Zielgruppe der Jugendlichen als auch im Blick auf die Institution Kirche. Viele dieser Veränderungen sind mit Herausforderungen oder sogar Gefährdungen verbunden. Eine häufige und durchaus verständliche Reaktion auf solche Gefahrenlagen besteht darin, sich auf das Bewährte zurückzuziehen, um den Bestand bestmöglich zu wahren. Dieses Rückzugsverhalten lässt sich auch im kirchlichen Feld an vielen Stellen beobachten: Da wird versucht, die »Kerngemeinde« noch mehr ins Zentrum der Aufmerksamkeit zu rücken, die etablierten Formen abzusichern, Strukturen zu erhalten. So nachvollziehbar eine solche Ausrichtung sein mag, so schädlich kann sie sich für die Kirche insgesamt, besonders aber für ihre Jugendarbeit auswirken.

> Eine gelingende Zukunft der Jugendarbeit ergibt sich nicht aus der Fortschreibung der Vergangenheit, sondern aus einer Orientierung an ihrem Grundauftrag.

Das folgende Kapitel soll dazu dienen, diesen Grundauftrag aus theologischer und pädagogischer Sicht in Erinnerung zu rufen, um daraus – verdichtet im Bild vom Beziehungsraum – einen Kompass für die Gestaltung der Jugendarbeit in der aktuellen Situation zu gewinnen.

2.1 Theologie für, mit und von Jugendlichen

»Polarisierungsdebatte«

Eine »Theologie der Jugendarbeit« gibt es nicht. Die protestantische Vielfalt führt auch in der evangelischen Jugendarbeit zu ganz unterschiedlichen Formen von Frömmigkeit und theologischem Verständnis. Die »Polarisierungsdebatte« aus den 1970er-Jahren zwischen einer missionarischen oder emanzipatorischen Ausrichtung sorgt bis heute bei manchen älteren Verantwortlichen für Misstrauen zwischen den »Lagern« der eher fromm-evangelikal und der eher politisch-diakonisch Orientierten (vgl. Affolderbach 1982, 121–176; Schwab 2017). Die meisten Ausprägungen evangelischer Jugendarbeit integrieren inzwischen jedoch sowohl eine spirituelle als auch eine handlungspraktische, politische Dimension.

Evangelische Jugendarbeit begleitet junge Menschen, wenn ihr Glaube erwachsen wird. Nach der Theorie der Glaubensentwicklung von James Fowler (1991) liegt eine Herausforderung des Jugendalters darin, vom synthetisch-konventionellen Glauben, der sich an der Meinung anderer orientiert, zu einem individuierend-reflektierten Glauben zu gelangen, der eigenständige Positionen entwickelt. Eine solche Reifung des Glaubens benötigt Wissensgrundlagen, spirituelle Erfahrungsräume und die Auseinandersetzung mit erlebter Pluralität. Gute evangelische Jugendarbeit trägt dazu bei, dass junge Menschen einen eigenen Glauben erlangen, der – um es mit dem Gleichnis vom vierfachen Ackerfeld (Mk 4,1–20) zu sagen – tief genug gegründet ist, um sich auch in den Herausforderungen des Erwachsenwerdens zu bewähren. Evangelische Jugendarbeit versteht sich also im Blick auf ihr theologisches Anliegen als eine Bildungsaufgabe, wobei zur Bildung sowohl die Sachinformation als auch insbesondere die Herzensbildung, also eine persönliche Auseinandersetzung mit den Inhalten des christlichen Glaubens, gehört.

theologische Grundlinien

Die Schriften des Alten und Neuen Testaments kennen keine Jugendarbeit und auch keine Jugendphase im heutigen Sinne. Allerdings lassen sich theologische Grundlinien finden, die eine Orientierung auch für eine evangelisch verantwortete Kinder- und Jugendarbeit im 21. Jahrhundert bieten (vgl. Mutschler 2013, 93–117): Die nachwachsende Generation gehört schon bei Abraham zu den großen Segensverheißungen (Gen 12,1–3; 28,13–15). Den Älteren wird die Bildung und Erziehung der Kinder ans Herz gelegt: Sie sollen auf die Liebe von und zu Gott hingewiesen werden – und »wenn dein Kind dich morgen fragt«, soll auf die Erfahrungen mit Gott und dessen Gebote verwiesen werden (Dtn 5,4–9.20–25; vgl. den Bildungsauftrag aus Mt 28,20). Ein überraschender Akzent im Neuen Testament, auch im Vergleich zur sonstigen antiken Literatur, ist der Gedanke, dass Erwachsene etwas von Kindern lernen können. Kinder verfügen, so stellt es Jesus dar, über die besondere Gabe, das Reich Gottes als ein Geschenk anzunehmen. Sie zeigen damit eine Grundhaltung, die von der bleibenden Angewiesenheit des Menschen auf Gott weiß und sich diesem Gott anvertraut (Mk 10,13–16).

Aus biblischer Sicht werden Kinder und Jugendliche also wertgeschätzt. Angebote für junge Menschen gehören daher mit demselben Recht zur kirchlichen Arbeit wie der Einsatz für andere Zielgruppen auch. Eine Vorrangstellung der Jugendarbeit gegenüber anderen kirchlichen Arbeitsformen, beispielsweise der Familien- oder Altenarbeit, lässt sich daraus nicht ableiten. Allerdings bedarf es in der heutigen Jugendarbeit besonderer Anstrengungen, weil jugendliche Lebenswelten mit den traditionellen Wegen kirchlicher Arbeit immer weniger kompatibel sind. Eine hervorgehobene Verantwortung gegenüber der jungen Generation trägt die Kirche insofern, als bleibende Orientierungen des Lebens und Glaubens sich gerade im Kindes- und Jugendalter herausbilden. Wenn die Kirche davon überzeugt ist, dass die christliche Botschaft eine tragende Grundlage für das Leben darstellt, kann sie Menschen in keinem anderen Lebensalter so gut für eine Auseinandersetzung damit erreichen wie in der Phase bis zum Erwachsenwerden. Aus diesem Grund sollte den Arbeitsfeldern mit Kindern und Jugendlichen eine besondere Aufmerksamkeit zukommen. Neben diesen von jungen Menschen her gedachten Begründungsperspektiven für die Stärkung der Jugendarbeit findet sich zuweilen auch eine andere, ambivalent zu bewertende Argumentationslinie: Im Kontext von (finanziellen) Prioritätendiskussionen wird von manchen Lobbygruppen der Jugendarbeit mit dem Argument geworben, Jugendliche seien ja schließlich die Verantwortlichen und Kirchensteuerzahlenden von morgen – eine Engführung, die Jugendliche für eine zukünftige Kirche funktionalisiert. Dem christlichen Menschenbild gerecht werden dagegen nur Argumentationsmuster, die Kinder und Jugendliche um ihrer selbst willen (auch) als die Kirche von heute ernst nehmen (vgl. insgesamt auch EKD 2010; Domsgen 2013).

Jugendliche als Kirche von heute

Kommunikation des Evangeliums

Der Grundauftrag der Kirche gilt auch für die Jugendarbeit: Es geht um die Kommunikation des Evangeliums (vgl. Lange 1982, 101–129). Anders als bei Begriffen wie »Verkündigung« oder »Mission« weist der Kommunikationsbegriff auf das Wechselverhältnis zwischen verschiedenen Kommunikationspartner*innen hin. Jugendliche werden hier nicht zu Empfangenden einer Botschaft degradiert, sondern bringen sich partizipativ mit ihren Erfahrungen und Sichtweisen beim Nachdenken, Feiern und Erleben des Evangeliums ein. Neben dem Gespräch über Glaubens- und Lebensfragen gehören das Erleben der christlichen Botschaft sowie religiös motiviertes Handeln zur ganzheitlichen Kommunikation des Evangeliums dazu (Pohl-Patalong 2019, 494). Anders gesagt: Der geistliche Aspekt einer Jugendgruppe wird zwar in der Andacht besonders erkennbar, erweist sich aber genauso im Miteinander der Gemeinschaft beim Kartenspielen oder einer gemeinsamen Instagram-Aktion für die Seenotrettung von Geflüchteten. Eine auf Jugendliche ausgerichtete Kommunikation des Evangeliums muss sich in besonderem Maße auch über die Bedeutung nonverbaler Kommunikationsprozesse bewusst sein. Die auf S. 13 geschilderte Szene der gescheiterten Bandprobe im Kirchenraum kann hier als Beispiel dienen: Wenn Jugendliche und ihre Anliegen in der konkreten Pfarramtspraxis einfach vergessen werden, dann spricht das auch ohne Worte eine klare Sprache zum Stellenwert der Jugend. Ermutigende Erfahrungen aus der Jugendzeit lassen sich oft von Menschen vernehmen, denen man später als engagierte Ehrenamtliche in der Gemeinde begegnet: Häufig berichten sie beispielsweise davon, dass sie schon weit vor der Volljährigkeit einen Schlüssel für das Gemeindehaus erhielten – eine »Schlüsselerfahrung«, die das Vorschussvertrauen der Kirchengemeinde signalisiert und als Bestätigung erlebt wird, in der Kirchengemeinde am richtigen Platz zu sein.

Relevanz

Inwiefern die Kommunikation des Evangeliums von Jugendlichen als relevant erlebt wird, hängt entscheidend davon ab, ob sie Bezüge zwischen der christlichen Botschaft und ihrer Lebenswirklichkeit wahrnehmen können. In dieser Hinsicht sind die Herausforderungen in den letzten Jahren deutlich gewachsen. Vielfach wird in kirchlichen Kreisen die nachlassende Traditionsbindung junger Menschen beklagt (»die bringen kaum Grundkenntnisse des Glaubens und keine kirchlichen Anknüpfungspunkte mehr mit«), sodass Programme einer »Alphabetisierung« und Einübung in kirchliche Praktiken wie den Sonntagsgottesdienst noch immer Konjunktur haben. Dass solche Versuche, den Jugendlichen die »guten alten Traditionen« wieder nahezubringen kaum von Erfolg gekrönt sind, zeigt exemplarisch der Blick auf Konfirmand*innen in einem Sonntagsgottesdienst. Sie fühlen sich häufig wie Fremdkörper in einem Geschehen, das sie im besten Fall mit einer nostalgischen Sympathie verfolgen, in dem sie sich selbst mit ihren Themen und Ausdrucksweisen aber nicht wiederfinden. Wie empirische Befragungen von Nach-Konfirmand*innen zeigen, führt eine hohe Gottesdienstpflicht gerade nicht zur Ausbildung einer Gottesdienstgewohnheit, sondern immunisiert eher gegen den Besuch der Gottesdienste am Sonntagvormittag (Schweitzer u. a. 2016, 66–68).

Ausgangspunkt bei Fragen

Wie aber könnte es gelingen, mit Jugendlichen die Relevanz des Glaubens für ihr Leben zu entdecken? Von entscheidender Bedeutung erweist sich ein Ausgangspunkt bei Fragen und nicht etwa bei Antworten. Zu

Recht wird (nicht nur von jungen Menschen) häufig beklagt, die Kirche gebe Antworten auf Fragen, die niemand gestellt habe und die auch niemanden interessieren. Eine verblüffend andere Perspektive ergibt sich, wenn die Impulse der Verantwortlichen in der Jugendarbeit zunächst bei Fragen ansetzen: *Was macht gute Freundschaft für dich aus? Wem kann man vertrauen? Welche Hoffnung hast du, wenn du mit Krankheit und Tod konfrontiert bist? Welche Menschen faszinieren dich? Wo bist du bereit, Stellung für eine Sache zu beziehen, auch wenn du in der Minderheit bist? Was macht dich als Mensch wertvoll, auch dort, wo du wenig leistest? Wenn du einmal 80 Jahre alt bist: Was wird dir im Rückblick auf dein Leben besonders wichtig sein?* Die Erfahrung zeigt, dass Jugendliche bereit und in der Lage sind, über solche Fragen nachzudenken und sich auszutauschen. Für manche von ihnen, insbesondere Jungen, ist es ungewohnt, intensiv ins Nachdenken und ins Gespräch zu kommen. Eine gute Atmosphäre, die Erfahrung von Stille, ablenkungsfreie Situationen wie ein Nachtspaziergang oder ein Lagerfeuer – solche spezifischen Jugendarbeitssettings können dazu beitragen, dass ein Austausch entsteht, der tiefer reicht, als Jugendliche es von der oft oberflächlichen »Schulhof-Gesprächskultur« gewohnt sind. Als Einstieg in persönliche Austauschrunden eignen sich beispielsweise bei Jugendfreizeiten Interviews mit den Mitarbeitenden, bei denen junge Ehrenamtliche ins Erzählen über ihr Leben, ihren Glauben und ihre Zweifel kommen. Wo auch über schwierige Lebensthemen ehrlich gesprochen wird, wagen es sogar ansonsten schweigsame Jugendliche, sich mit dem einzubringen, was sie bewegt (zur Methodik des Mitarbeitenden-Interviews vgl. Ilg 2014a; für weitere methodische Anregungen zum thematischen Austausch: Haußmann/Dömland 2017 sowie Büchert u. a. 2020).

jugendliche Themen und christliche Inhalte in Resonanz bringen

Die theologische Kunst in der Jugendarbeit besteht darin, jugendliche Lebensthemen mit den Inhalten christlicher Theologie so zu verknüpfen, dass sie gegenseitig Resonanz erzeugen. Zu den zentralen Aufgaben evangelischer Jugendarbeit (und hier gerade der theologisch gebildeten Hauptamtlichen!) gehört daher eine elementare Durchdringung der christlichen Botschaft einerseits sowie die Bereitschaft zu einer auf Partizipation und Dialog ausgerichteten Weise der Kommunikation andererseits: Jugendliche sind nicht lediglich Rezipient*innen einer Botschaft, die vom Team der Haupt- und Ehrenamtlichen auszurichten wäre, sondern sie wollen selbst mit ihren Gedanken und Erfahrungen ernst genommen werden. Es bedarf also nicht lediglich einer *Theologie für Jugendliche,* sondern auch der *Theologie mit Jugendlichen,* die zugleich offen ist für die *Theo-*

logie der Jugendlichen. Dieser dreifache Ansatz der Jugendtheologie (Schlag/Schweitzer 2012) erweitert das klassische Verständnis von Verkündigung um partizipative Aspekte und ist daher für die Jugendarbeit besonders geeignet. Eine jugendsensible Kirche sucht den Ausgangspunkt der Kommunikation des Evangeliums nicht bei kirchlichen Traditionen, sondern bei den Fragen und Themen junger Menschen:

Jugendtheologie

> »Jugendliche brauchen Entfaltungs- und Selbstgestaltungsräume, um sich mit Traditionen auseinandersetzen und Traditionen selbsttätig aneignen zu können. Sie sind ferner darauf angewiesen, dass sich die traditionelle ›Komm-Struktur‹ kirchlicher Angebote zur ›Geh-Struktur‹ wandelt; das heißt, man wird aktiv auf Jugendliche zugehen müssen, um diese erreichen zu können.« (EKD 2010, 32–33)

2.2 Bildung – auch im non-formalen Bereich

Bildung hat sich in den letzten Jahren zu einem gesellschaftlichen Megathema entwickelt. Ein Grund dafür liegt in der Erkenntnis, dass in einem rohstoffarmen Land wie Deutschland der wirtschaftliche Erfolg im engen Zusammenhang mit Know-how und Erfindergeist steht. Wird der Bildungsbegriff jedoch auf diese direkt nutzbare Seite der Wissensgenerierung verengt, gehen wichtige Aspekte verloren. Aus theologischer Sicht erinnert der Bildungsbegriff an die Schöpfungsgeschichte: »Gott schuf den Menschen zu seinem Bilde [...] und schuf sie als Mann und Frau« (Gen 1,27). Mit dem Bezug auf die Gottebenbildlichkeit ist Bildung daher zunächst keine Beschreibung quantifizierbarer Kompetenzen, sondern hat mit der Bezogenheit des Menschen auf andere(s) zu tun: Wird als Bildung »die mit der in der Kindheit beginnenden Welterschließung verbundene Selbstwerdung« (Schweitzer 2014, 228) bezeichnet, so bezieht sie sich auf das Selbst- und Weltverhältnis des Menschen insgesamt. Der Prozess der Bildung soll also dazu beitragen, dass der Mensch die in ihn gelegten Potenziale in Beziehung zu sich selbst, zu seinen Mitmenschen und zu Gott entfaltet.

die Beziehungsdimension in der Pädagogik

In den pädagogischen Debatten spielt die Beziehungsdimension schon immer eine Rolle. Bei Klassikern wie Johann Heinrich Pestalozzi (1746–1827) oder Friedrich Schleiermacher (1768–1834) liegen Ausgangspunkte einer beziehungsorientierten Pädagogik, die im 20. Jahrhundert beispielsweise von Herbert Nohl oder Hermann Giesecke aufgegriffen und weitergeführt wurden. Insbesondere in der Reformpädagogik, die beispielsweise mit dem Konzept des pädagogischen Bezugs oder der Waldorfpädagogik verbunden ist, wird die Bedeutung von Beziehungen betont (Krautz/Schieren 2013). Nachdem in empirischen Analysen die Lehrer*innen-Schüler*innen-Beziehung als besonders bedeutsamer Faktor für gelingendes Unterrichten herausgestellt wurde (Hattie 2014), wurde die Beziehungsthematik in jüngerer Zeit auch für den schulischen Bereich wieder stärker entdeckt (z.B. Herrmann 2019). Dabei wird auch auf aktuelle Forschungen zu Spiegelneuronen oder zur Resonanztheorie verwiesen, auf die an dieser Stelle jedoch nicht näher eingegangen werden kann (vgl. Baer/Koch 2020). Mit dem in den folgenden Kapiteln entfalteten Bild der Jugendarbeit als Beziehungsraum wird an solche beziehungsorientierten Grundlegungen in der Pädagogik angeknüpft.

Zunächst aber muss geklärt werden, inwiefern heutige Kinder- und Jugendarbeit überhaupt als Teil des Bildungsbereichs angesehen werden kann. In aktuellen Debatten wird Bildung oftmals mit der Schule gleichgesetzt. Dabei wird übersehen, dass Bildung wesentlich mehr ist als das Beherrschen mathematischer Formeln oder die Anhäufung enzyklopädischer Wissensbestände – und dass sie keinesfalls nur im Klassenzimmer geschieht. In der Bildungsforschung hat sich mittlerweile die Einteilung in drei Bildungsmodalitäten etabliert: Neben der *formalen Bildung* in Schule, Ausbildung oder Hochschule ereignen sich Bildungsprozesse im Rahmen der *informellen Bildung* ganz alltäglich und ungeplant. Zwischen diesen beiden Modalitäten ist die *non-formale Bildung* angesiedelt, zu der auch die Jugendarbeit zählt. Zwar gibt es hier keine Bildungspläne oder gar Prüfungen, dennoch werden die Prozesse der Selbstbildung pädagogisch intendiert. Eine plurale Vielfalt von Trägern ermöglicht im non-formalen Bildungsbereich wichtige Lernerfahrungen auf freiwilliger Basis in selbst gewählten Settings. Eine besondere Stärke non-formaler Bildung liegt darin, dass junge Menschen soziale und personale Kompetenzen erwerben, die im schulischen Bildungssystem nicht im Vordergrund stehen. Wenn eine 16-Jährige beispielsweise ehrenamtlich in einer Kindergruppe mitarbeitet, übernimmt sie hierbei Verantwortung in realen Situationen, lernt vor einer Gruppe zu sprechen und übt sich in Teamarbeit ein. Ganz nebenbei werden Aspekte wie Selbständigkeit, Planungskompetenz, Gremienarbeit, Finanzverwaltung, Öffentlichkeitsarbeit und vieles mehr gelernt, was positive Rückwirkungen auch auf den formalen Bildungsbereich haben kann. Weil ehrenamtliches Engagement auch bei Firmen vielerorts als deutliches Plus bei Bewerbun-

non-formale Bildung

gen gewertet wird (Stichwort »Teamfähigkeit«), sind mittlerweile verschiedene Formen von Zertifikaten für Mitarbeitende in der Jugendarbeit etabliert. Dieser Mehrwert ehrenamtlichen Engagements sollte von Hauptamtlichen gefördert werden, indem entsprechende Bescheinigungen aktiv angeboten werden.

Die Zuordnung der Jugendarbeit zum Bildungsbereich droht in den aktuellen Debatten zuweilen aus dem Blick zu geraten, wenn Jugendarbeitsangebote in erster Linie als Teil der Sozialpolitik gesehen werden. Immer dann, wenn Berichte über problematische Jugendszenen oder sogenannte »Bildungsverlierer*innen« in das Zentrum der Aufmerksamkeit rücken, richten sich Aufträge an die Jugendarbeit, doch auch und gerade für solche Jugendliche da zu sein. Wenngleich der Fokus auf benachteiligte Jugendliche zur Grundbewegung des evangelischen Glaubens gehört, ist in solchen Debatten darauf zu achten, dass nicht eine stillschweigende Auftragsverschiebung von der Jugendarbeit zur Jugendsozialarbeit erfolgt (vgl. zu den Unterschieden Kapitel 3.2). Der nonformale Bildungssektor gehorcht eigenen Logiken, bei denen Freiwilligkeit und von Jugendlichen selbst gewählte Gesellungsformen unabdingbar sind. Neben einer diakonisch ausgerichteten Jugendsozialarbeit für sozial Benachteiligte (und mit dieser eng verknüpft!) ist daher eine Jugendarbeit legitim, die allen Jugendlichen, auch solchen ohne besonderen Unterstützungsbedarf, einen Ort des Miteinanders und der Bildung in selbst gewählten Peergroups bietet. In der konkreten Jugendpolitik spiegelt sich die Einordnung der Jugendarbeit zwischen Bildung und Sozialarbeit in der Zuweisung zu den jeweiligen Ministerien: Je nach Bundesland liegt die Zuständigkeit für das Feld der Jugendarbeit eher im Bildungs- oder im Sozialministerium – mit entsprechenden Konsequenzen für Finanzierungs- und Förderfragen.

zwischen Bildung und Sozialarbeit

2.3 Jugendarbeit als Beziehungsraum gestalten

Der oben skizzierte evangelische Bildungsbegriff bestimmt den Menschen sowohl aus theologischer als auch aus (religions-)pädagogischer Perspektive als ein Beziehungswesen. Im Liebesgebot verdichtet sich das biblische Beziehungsverständnis: Du sollst Gott lieben und deinen Nächsten wie dich selbst (Mt 22,37–39). Es geht also um die Beziehung zu sich selbst, zum Mitmenschen sowie um die Beziehung zu Gott. Diese drei Beziehungen stehen im Zentrum der folgenden Kapitel 2.4 bis 2.6.

Zunächst aber werden einige einführende Gedanken zu Beziehungen in der Jugendarbeit entfaltet. Sie gehen von einer Grundthese aus. In der Priorisierung von Beziehungsfragen liegt das zentrale Anliegen evangelischer Jugendarbeit:

> Jugendarbeit erfüllt ihren Sinn, indem sie Beziehungen fördert.

Mit dem Begriff der Beziehungen ist dabei nicht an partnerschaftliche Liebesbeziehungen gedacht (auch wenn sich zweifellos viele Paare dem Kennenlernen in der Jugendarbeit verdanken), sondern an Begegnungen, in denen Menschen in einen offenen und tiefgreifenden Austausch kommen. Anders als bei den vielen oberflächlichen Alltagskontakten wird unter Beziehung eine von gegenseitigem Vertrauen getragene Begegnung zwischen zwei oder mehr Menschen verstanden, bei der eine vertiefte und interessierte Wahrnehmung des anderen stattfindet und die von Kontinuität gekennzeichnet ist (Baer/Koch 2020, 24–26). Wer Jugendarbeit gestaltet, geht automatisch Beziehungen ein. Entscheidend wird sein, die Aufmerksamkeit auf das Potenzial, aber auch die Gefahren dieser Beziehungen zu legen.

Beziehungsraum

Um die Unverfügbarkeit des Beziehungsgeschehens zu verdeutlichen, wird im vorliegenden Buch nicht von der *Beziehungsarbeit* (vgl. Schröder 2021) gesprochen, sondern von Jugendarbeit als einem *Beziehungsraum:* Eine gute Jugendarbeit stellt Rahmenbedingungen und Impulse bereit, die das Entstehen und Vertiefen von Beziehungen fördern – im Bild gesprochen sind solche Räume die Gewächshäuser der zarten Pflanze Beziehung. Wird Jugendarbeit als Beziehungsraum gestaltet, geht es zunächst um die Beziehungen unter den Teilnehmenden. Die Programmangebote der Jugendarbeit können für das Miteinander in der Gruppe der Gleichaltrigen zwar im Sinne eines Katalysators als »Reaktionsbeschleuniger« wirken, sie entfalten ihre Wirkung aber oftmals außerhalb der gemeinsamen Gruppenzeit. Nicht selten verabreden sich beispielsweise zwei Freundinnen zu einem regelmäßigen gemeinsamen Treffen zwei Stunden vor dem abendlichen Jugendkreis. Andere bleiben nach den eigentlichen Öffnungszeiten des Jugendcafés noch so lange wie möglich im Gemeindehaus oder nutzen den Heimweg für ausführliche Gespräche. Hier entstehen zentrale Beziehungen, die es ohne die Jugendarbeit nicht gegeben hätte, die aber nicht in der Hand der Mitarbeitenden liegen. Auch das Selbstverständnis der haupt- und ehrenamtlichen Mitarbeitenden klärt sich, wenn der Fokus auf die Frage von Beziehungen gelegt wird. In der katholischen Jugendarbeit wird dieser Aspekt seit der Würzburger Synode 1975 unter dem hilfreichen Begriff des *personalen Angebots* (auch im Gegenüber zum *Sachangebot* wie Häusern und Veranstaltungen) gefasst.

personales Angebot

Was bedeutet es nun konkret, wenn die Jugendarbeit als Beziehungsraum gestaltet wird? Aus Sicht eines jungen Menschen wird diese Frage damit zusammenhängen, inwiefern man sich als Individuum wahrgenommen fühlt: Kennen die Mitarbeitenden meinen Namen? Wissen sie um meine Hobbys, fragen sie nach, wenn ich etwas Persönliches berichte? All das ist nicht selbstverständlich (in der Schule können Lehrkräfte das oftmals kaum leisten!) und legt den Grund für vertiefte Beziehungsmöglichkeiten. In Begegnungen und Gesprächen wächst allmählich Vertrauen und das Gefühl von Verlässlichkeit, das dann auch in Krisensituationen tragen kann.

Die Grundhaltung, dass es im Kern immer um den einzelnen Menschen geht, hat ganz konkrete Auswirkungen im Handeln von Mitarbeitenden. Sie sollten gezielt Anlässe suchen, bei denen sie individuell auf Jugendliche zugehen. Dazu kann es gehören, Teilnehmenden eine Geburtstagskarte zu schreiben oder eine Besucherin des offenen Treffs gezielt anzusprechen, ob sie sich mit ihren handwerklichen Fähigkeiten bei der Umgestaltung des Jugendzentrums einbringen kann. Auch bei großen Gruppen darf nicht das Bewusstsein verloren gehen, dass es im Kern immer um einzelne Menschen geht. Das äußert sich schon sprachlich (die Frage »Geht's euch gut?« ist nicht zu beantworten, solange sie nicht im Singular gestellt wird) und findet einen konkreten Ausdruck darin, dass in der Teambesprechung einer Freizeit nach den ersten Tagen die Liste der Teilnehmenden durchgesprochen wird mit der Frage, ob alle im Blick sind.

Die beziehungsorientierte Ausrichtung macht die Gestaltung von Jugendarbeit gleichzeitig besonders einfach und besonders schwierig. *Einfach* wird Jugendarbeit deshalb, weil der vorrangige Blick auf Beziehungen von überzogenen Erwartungen entlasten kann: Wer Jugendarbeit gestalten will, muss sich nicht selbst jugendlich geben, sondern darf authentisch bleiben. Als entscheidend für gute Beziehungen nehmen Jugendliche es wahr, dass ein Gegenüber ihnen unverstellt begegnet, nicht als »Berufsjugendlicher«, sondern durchaus als ein Erwachsener – aber als einer, der sich für das Leben seines jugendlichen Gegenübers aufrichtig interessiert. Der beziehungsorientierte Grundansatz befreit auch von der Fixierung auf Events, herausragende Locations oder ein perfektes Programm. Im Gegenteil: Es gehört zu den häufigen »Anfängerfehlern«

von Hauptamtlichen, zu viel Energie in solche äußerlichen Formen zu investieren, dabei aber den Kern der Arbeit, die Beziehungsgestaltung, zu vernachlässigen. Wer das Programm vielmehr als »Gelegenheitsstruktur für Beziehungen« (Pohlers u. a. 2016, 206) versteht, sieht in den konkreten Aktivitäten keinen Selbstzweck, sondern prüft seine Planungen im Hinblick darauf, inwiefern sie einen Rahmen für den Beziehungsraum bieten. Dies führt zugleich zu einer größeren Gelassenheit, wenn etwas nicht funktioniert oder spontan umgeplant werden muss: Jede Situation lässt sich beziehungsorientiert gestalten nach dem Prinzip: Beziehung geht vor Programm!

Beziehung geht vor Programm!

Zugleich kann die Beziehungsgestaltung auch als besonders *schwierig* erlebt werden: Schließlich gehört es zum Wesen zwischenmenschlicher Beziehungen, dass diese unverfügbar sind. Ob und wie Jugendliche untereinander in Kontakt kommen, lässt sich nicht steuern, sondern nur anregen – beispielsweise mit Kleingruppenphasen, in denen der Austausch untereinander ermöglicht wird. Mitarbeitende sollten ihre Offenheit für persönliche Begegnungen signalisieren, dürfen aber nicht enttäuscht sein, wenn diese sich nicht oder nicht sofort ereignen. Im Blick auf die Beziehungsgestaltung bringen Mitarbeitende ganz unterschiedliche Voraussetzungen mit. Der Fokus auf Beziehungen bedeutet nicht, dass alle Mitarbeitenden hier ihren Schwerpunkt setzen müssen. Am Beispiel einer Jugendfreizeit wird die Chance der Teamarbeit besonders deutlich: Während manche Teamer*innen sich nur auf einen Campingstuhl im Aufenthaltsbereich setzen müssen und schon bald ins Gespräch mit Jugendlichen vertieft sind, haben andere ihre Schwerpunkte im organisatorischen Bereich, führen die Freizeitkasse oder kümmern sich darum, dass das Essenszelt den Windböen standhält. Wenn bei einer solchen Freizeit Jugendliche ins Nachdenken über sich selbst kommen, tiefergehende Gespräche in Kleingruppen führen oder einen bewegenden Strandgottesdienst erleben, dann sind solche Beziehungserfahrungen die Folge einer guten Teamarbeit, auch wenn nicht alle Mitarbeitende an den persönlichen Gesprächen unmittelbar beteiligt waren. Entscheidend ist jedoch, dass alle gemeinsam die Priorität auf Beziehungen setzen. Nicht selten wird beispielsweise die Freizeitküche zum Ausgangspunkt seelsorgerlicher Gespräche. Hier dürfen Prioritäten gesetzt werden, selbst wenn das Mittagessen verspätet auf den Tisch kommt. In der Abwägung zwischen organisatorischen Pflichten und Beziehungen lässt sich von Maria und Marta lernen: »Eins aber ist not. Maria hat das gute Teil erwählt« (Lk 10,42).

Wenn Beziehung als Kern der Jugendarbeit beschrieben wird, muss auch das Gefahrenpotenzial bedacht werden: Jede Art von Druck oder Manipulation muss im Bereich der Beziehungsgestaltung unterbleiben. Eine klare Grenze ist – sowohl juristisch als auch vom christlichen Menschenbild her – dort gesetzt, wo die Beziehungsoffenheit der Teilnehmenden für eigene Zwecke oder gar sexuelle Übergriffe missbraucht wird. Die Prävention sexualisierter Gewalt hat gerade bei einer beziehungsorientierten Arbeit einen festen Platz in Schulungen und muss in der selbstkritischen Reflexion der laufenden Angebote stets mitbedacht werden (vgl. dazu Kapitel 5.2).

Missbrauch von Beziehungen

Die Beziehungsorientierung kann leicht auch zur Abschottung einer kleinen Gruppe gegenüber anderen führen. Die Gruppe entwickelt sich zu einer verschworenen Gemeinschaft, die sich untereinander bestens kennt. Je vertrauter eine bestehende Gruppe wirkt, desto höher ist die Gefahr, Außenstehende durch feine Signale abzuschrecken: Wer auf Vorstellungsrunden oder Namensschilder verzichtet, über Abkürzungen und nur intern verständliche Codes kommuniziert, ein eigenes Liedgut pflegt oder in der Öffentlichkeitsarbeit faktisch nur Insider adressiert (»bei Fragen ruft einfach Caro unter der bekannten Nummer an«), vermittelt neuen Interessierten unterschwellig: »Wir sind eine super Gemeinschaft – und wollen durch dich eigentlich nicht gestört werden.« Verantwortliche sollten Impulse dahingehend setzen, dass bestehende Gruppen im Fluss bleiben und Außenkontakte suchen. Zur Mission kirchlicher Gruppen gehört die Grundhaltung, offen und einladend für weitere Menschen zu sein. Auch andersherum gilt: Wer nicht mehr kommen will oder aus zeitlichen Gründen eine Pause einlegt, darf wegbleiben:

> Es geht nicht um das Beste der Institution, sondern darum, was für die jeweiligen Jugendlichen das Beste ist.

In den folgenden Kapiteln werden die drei anfangs aufgezeigten Beziehungsrichtungen betrachtet, die ihrerseits eng zusammenhängen: Die Beziehung Jugendlicher zu sich selbst (2.4), die Beziehungen in der Gruppe (2.5) und die Beziehung zu Gott (2.6).

2.4 Das Ich am Du entwickeln – Unterstützung bei der Persönlichkeitsbildung

Mit dem Grundprinzip der Subjektorientierung wird in der Jugendarbeit das Ziel beschrieben, Jugendliche einerseits als vollwertige Subjekte ernst zu nehmen, sie andererseits aber auch bei ihrer Selbstwerdung zu begleiten. Im vorliegenden Kapitel wird vorgestellt, wie dies gelingen kann. Auch hierbei spielen Beziehungen eine wesentliche Rolle. Otto Friedrich Bollnow beschreibt die Bedeutung wirklicher Begegnungen sehr eindrücklich:

> »Erst in der Begegnung wird der Mensch überhaupt er selber. Dieser letzte Kern des Menschen, den wir als Selbst oder auch als Existenz bezeichnen, ergibt sich grundsätzlich nie in der Einsamkeit eines Ich, sondern immer nur in der Begegnung. Nur in der Begegnung mit einem Du kann der Mensch also zu sich selber kommen« (Bollnow 1968, 100).

Entwicklung der eigenen Identität

Wo Jugendliche in Beziehungen eine solche Form der Begegnung erleben, gewinnen sie Orientierung, die für die Entwicklung der eigenen Identität bedeutsam wird.

Klassische entwicklungspsychologische Theorien verbinden mit der Phase der Pubertät eine Fülle von Aufgaben (Überblick: Rothgang/Bach 2015, 77–107). Die von Robert James Havighurst benannten Entwicklungsaufgaben der Adoleszenz betreffen beispielsweise den Aufbau von Beziehungen zu Gleichaltrigen, die Ausbildung einer Geschlechterrolle, einen angemessenen Umgang mit dem sich verändernden Körper, die zunehmende Unabhängigkeit vom Elternhaus und Ähnliches. Erik H. Erikson spricht zusammenfassend von der *Identitätsfindung,* die in diesem Alter geleistet werden muss. Findet ein junger Mensch nicht zu einer eigenen Identität, für die er sich Ziele und Grundüberzeugungen zu eigen macht, kommt es zur *Identitätskonfusion.* Angesichts der wachsenden Möglichkeiten und der vielfältigen auch medialen Angebote für Jugendliche wird das Finden eines eigenen Weges zu einer anspruchsvollen (und durchaus lebenslangen!) Aufgabe. Da die Familie in dieser Lebensphase nicht mehr als alleiniger Orientierungspunkt angesehen wird, spielen *Peers,* also Gleichaltrige und Cliquen, aber auch ältere Ansprechpartner*innen außerhalb des familiären Kontexts eine hervorgehobene Rolle.

Betrachtet man die Kinder- und Jugendarbeit aus bindungstheoretischer Sicht, wird wiederum die Bedeutung von Beziehungen deutlich.

Bindungstheorie

Die auf den britischen Kinderpsychiater John Bowlby zurückgehende Bindungstheorie zeigt auf, wie bedeutsam Bindungen für ein gesundes Aufwachsen von Menschen sind. Kinder befinden sich demnach in einem ständigen Austarieren zwischen dem Verhaltenssystem der Bindung und dem der Exploration. Erlebt das Kind eine sichere Bindung, also eine verlässliche und feinfühlige Beziehung zur Bindungsperson, gewinnt es Mut und Sicherheit für die eigenständige Exploration seiner Umwelt. Für die Jugendarbeit wird diese Theorie insofern relevant, als ihre Gruppensettings sich als hochgradig bindungsrelevant erweisen können. In einer Phase der Ablösung aus dem Elternhaus können Mitarbeitende zu wichtigen Bindungspersonen werden. »Die Bindungstheorie lehrt uns, Beziehungen wichtiger zu nehmen und Unabhängigkeit und Autonomie nicht zum alleinigen Ziel des Erwachsenwerdens zu machen«, resümieren die Autorinnen Sabine Haupt-Scherer und Cornelia Lippegaus (2017, 67) unter Bezug auf Bowlby und leiten daraus Folgerungen für die evangelische Jugendarbeit ab. Entsprechend der Doppelaufgabe von Bindung und Exploration kann gute Jugendarbeit beides leisten: *Einerseits* sollen junge Menschen dort Sicherheit und Verlässlichkeit erleben. Erwartbare Rituale, ein vertrauenserweckendes Umfeld und die bewusste Gestaltung von Übergangssituationen signalisieren einen Ort der Fürsorge und Geborgenheit. Bei einer Freizeit führen solche Überlegungen beispielsweise zu einer bewusst beziehungsorientierten Ankommensphase bei der Abfahrt am Busbahnhof: Neben den notwendigen organisatorischen Fragen rund um Gepäck und Elternkontakte nehmen sich einige Mitarbeitende ganz bewusst Zeit, um in einen ersten Kontakt mit den Teilnehmenden zu kommen und diesen den Start in die gemeinsame Zeit zu erleichtern. *Andererseits* ermöglicht das Setting der Jugendarbeit auch eine Fülle von Explorationserfahrungen: In der Gruppe erleben die Gleichaltrigen Herausforderungen, die das eigenständige Erkunden neuer Situationen ermöglichen und in begrenzter Form auch Risiken zulassen. So könnten bei einer Freizeit erlebnispädagogische Übungen zum Einsatz kommen, bei denen eine Erweiterung der bisherigen Grenzen ermöglicht, aber gemäß dem Grundsatz »challenge by choice« nicht aufgezwungen wird. Der bindungsorientierte Blick auf Jugendarbeit bewahrt vor der Versuchung, Angebote der Jugendarbeit als eine Aneinanderreihung cooler Events zu gestalten. Vielmehr gilt der Fokus dem, was Menschen für ihr Leben eine tragfähige Grundlage verleihen kann: Die Beziehungen untereinander und ein sicheres Grundgefühl der Bindung. Zum Erwachsenwerden gehört eben nicht nur das Unabhängigsein,

Bindung und Exploration

Independence, sondern auch die *Interdependence,* das Eingebundensein in ein Beziehungsnetzwerk mit anderen.

Wer junge Menschen dabei unterstützen will, zur eigenständigen Persönlichkeit zu reifen, kann dabei die eigene Person nicht außen vor lassen. Im Beziehungsraum Jugendarbeit werden Mitarbeitende nicht lediglich als Funktionsträger*innen, sondern als Personen erlebbar. Der Pädagoge Martin Weingardt (1997, 7) sieht in den Begegnungen zwischen Jugendlichen und Mitarbeitenden die Chance, dass sich hier »orientierende Begegnungen mit orientierten Menschen« ereignen können. An den Mitarbeitenden in der Jugendarbeit können Jugendliche ganz praktisch beobachten und erfahren, was es beispielsweise heißt, eine Berufsausbildung zu absolvieren oder sich politisch zu positionieren. »Orientierte Menschen« müssen dabei nicht unbedingt Vorbilder sein. Auch im Widerspruch oder Streitgespräch geschehen orientierende Begegnungen.

orientierende Begegnungen mit orientierten Menschen

Eine vertrauensvolle Beziehung zwischen Mitarbeitenden und Teilnehmenden wächst oftmals über die Jahre. Jugendliche spüren ihren Mitarbeitenden deren Grundhaltung ab: Haben sie ein ehrliches Interesse an mir als Person? Achten sie meine Grenzen? Kann ich ihnen vertrauen, sind sie bei Bedarf verschwiegen? Respektieren sie mich mit meinen Eigenheiten und bieten sie mir zugleich Impulse, neue Horizonte zu erkunden? Für manche Jugendliche stellen ihre Mitarbeitenden auch Ansprechpartner*innen in persönlichen Schwierigkeiten dar, sodass Jugendarbeit zum Ort der Jugendseelsorge und Krisenbegleitung werden kann (vgl. Kapitel 5.1).

2.5 Beziehungen untereinander ermöglichen – die Gruppe als Ausgangspunkt

Die in Kapitel 2.3 formulierte Grundhaltung, dass es im Kern immer um individuelle Beziehungen geht, mag angesichts der faktischen Arbeitsformen merkwürdig erscheinen: Schließlich realisiert sich Jugendarbeit zumeist in der Form der Gruppenarbeit. Ob als »Sippe« eines Pfadfinderstamms, als Aktionsgruppe zur Vorbereitung eines Straßenfests oder in der zehntägigen Freizeitgemeinschaft:

> Die überschaubare Gruppe gilt zu Recht als das Markenzeichen der Jugendarbeit.

Dabei ist Gruppe nicht gleich Gruppe. So betont die Pfadfinderarbeit in Anlehnung an ihren Gründer Robert Baden-Powell das Prinzip der kleinen Gruppe mit hoher Kontinuität: Bereits im Kindesalter konstituiert sich eine Pfadfindergruppe und durchläuft dann die verschiedenen Altersstadien möglichst lange gemeinsam. Die geteilten Erfahrungen vermitteln ein hohes Maß an Sicherheit. Auch die Kinder- und Jugendarbeit in Kirchengemeinden und Verbänden ist zumeist von diesem Prinzip inspiriert. Allerdings ist die Realität häufig von Diskontinuitäten und einer Unverbindlichkeit der Teilnahme gekennzeichnet: Für Leitungsteams bedeutet es eine frustrierende Erfahrung, sich jeden Mittwochabend überraschen zu lassen, ob vier oder vierzehn Teilnehmende kommen werden, zumal manche Jugendliche nur dann bei vereinbarten Terminen auftauchen, wenn sie kurz zuvor nochmals über eine Handynachricht daran erinnert werden. Das Angebot einer kontinuierlichen Jugendgruppe kann also eine anstrengende und undankbare Sache sein, zumal Einzelangebote wie ein großes Konzert oder ein Aktionstag am Kletterfelsen mehr Aufmerksamkeit erzeugen. Die Geringschätzung der Gruppenarbeit zieht sich bis in die Zuschusslogik von Finanzgebern: Während Projekte, Freizeiten und Einzelmaßnahmen Fördergelder erhalten, geht die kontinuierliche Gruppenarbeit oft leer aus.

Dabei werden die Chancen der Gruppenpädagogik als Identitätskern der Jugendarbeit oft leichtfertig übersehen. Die Gruppe bietet einen Rahmen dafür, dass Jugendliche aus der Konsum- in die Gestaltungsrolle wechseln. Hier lernen sie andere gründlich kennen; oftmals entstehen Freundschaften, die auch über die Lebensdauer einer Gruppe hinaus Bestand haben. Das gemeinsame Handeln in einer Gruppe bietet den idealen Nährboden für das Entstehen intensiver Beziehungen.

von der Konsum- in die Gestaltungsrolle

> »Wer Beziehungen stiften möchte, sollte deshalb intensive Gruppenhandlungen planen, starke Erlebnisse ermöglichen, zeitliche Nischen für ungesteuerte Gespräche in Cliquen als Freiräume offenhalten – und das Restliche weithin der Initiative der beteiligten Jugendlichen überlassen« (Weingardt 2001).

Zusätzliche Aktionen außerhalb des Gruppenrhythmus stellen wichtige Ergänzungen dar, sollten aber möglichst gut mit der Gruppenarbeit verzahnt sein. Events müssen keine Konkurrenz zur Jugendgruppe darstellen, sondern können bestehenden Gruppen eine Plattform bieten. Wie einfach das umgesetzt werden kann, zeigt das Beispiel einer Kirchengemeinde: Beim jährlichen Gemeindefest wurde dort ein Tauziehen der frisch Konfirmierten gegen die Gruppe der neu gestarteten Konfirmand*innen aufs Programm gesetzt: Die Jugendlichen wollten ihren Jahrgang nicht im Stich lassen und so trug das alljährliche Tauziehen nicht nur zu einer Stärkung des Gruppengefühls bei, sondern senkte ganz nebenbei das Durchschnittsalter der Anwesenden beim Gemeindefest erheblich.

Leistungs- und Zeitdruck

Dass Gruppenangebote regelmäßig von Jugendlichen wahrgenommen werden, ist längst nicht mehr selbstverständlich. Der schulische Leistungs- und Zeitdruck, aber auch mediale Alternativen, mit denen sich das Aufkommen von Langeweile jederzeit verhindern lässt, sorgen dafür, dass der »Takt einer beschleunigten Gesellschaft« (Lange/Wehmeyer 2014) die Jugendarbeit erreicht. Für die wöchentliche Gruppe bleibt in den oft vollen Kalendern junger Menschen wenig Luft. So verlagern sich manche Angebote auf einen vierzehntägigen Abstand oder ein längeres monatliches Treffen am Sonntagabend. Dabei setzt man allerdings die Vorteile einer verlässlichen Gruppengemeinschaft aufs Spiel. Freizeiten und punktuelle Ausflüge können die Gruppengemeinschaft verstärken und bieten zugleich mögliche Einstiegspunkte für neue Interessierte.

Spielen

Eine entscheidende Form der Interaktion in Gruppen ist das Spielen. Während es für Kinder einen Großteil ihres Tages bestimmt, kanalisiert sich das Spielen bei Jugendlichen oftmals auf wettbewerbsbetonten Sport oder das Gaming am Computer, über den man lediglich virtuell mit anderen interagiert. Dabei bietet gerade das Spielen in der Gruppe einen Rahmen, in dem Beziehungen vertieft werden und Jugendliche sich aus dem Leistungsdruck ihres Alltags befreien können. Wer Beziehungen in der Gruppe unterstützen will, ist also gut beraten, Spiele zu initiieren. Ob ein Warm-up auf der Wiese, ein Suchspiel im Stadtzentrum, Brettspiele im Jugendraum, das Diskussionsspiel zu einem politischen Thema oder viele weitere Varianten: Jugendarbeit kann zum Ort werden, an dem junge Menschen das Spielen neu entdecken. Empfehlenswerte Spielesammlungen finden sich im Anhang 7.1 auf Seite 122.

2.6 Beziehung zu Gott – Spiritualität stärken

Es gehört zu den Eigentümlichkeiten evangelischer Theologie, dass über die Praxisformen des Glaubens nur wenig gesprochen wird, weder im persönlichen noch im akademischen Bereich. Das zwischen 2017 und 2020 erschienene »Handbuch Evangelische Spiritualität« (Band 1–3) ist zugleich Zeugnis und Überwindung der bisherigen akademischen Sprachlosigkeit (vgl. darin zur Jugendarbeit Ihmels 2020). Gerade junge Menschen suchen bei der Begegnung mit dem christlichen Glauben nach konkreten Praxisformen, die zu ihnen passen. In der Jugendarbeit können sie solchen Formen begegnen, sich damit auseinandersetzen und sie sich zu eigen machen. Wo spirituelle Ausdrucksformen im Jugendalter als stimmig erlebt werden, etablieren sie sich zu Gewohnheiten, die oftmals ein Leben lang anhalten. Anders gesagt: Die Formen, die heute mit Jugendlichen eingeübt werden, prägen das kirchliche Leben möglicherweise über Jahrzehnte. Am Beispiel der Taizé-Gesänge kann eindrücklich nachvollzogen werden, wie eine spirituelle »Jugendbewegung« die evangelische Kirche bis in die Gesangbücher hinein bereichern kann. Auch die Idee kontinuierlicher Bibellesepläne *(lectio continua)* sowie die Jahreslosungen, die der Jugendpfarrer Otto Riethmüller in den 1930er-Jahren einführte, fanden ihren Weg aus der evangelischen Jugendarbeit in die gesamte Ökumene.

Spiritualität kann also für Jugendliche relevant sein – und die Jugend bedeutsam für die Entwicklung der Spiritualität in der Kirche. Angesichts dieser Ausgangslage verwundert das Schattendasein, das Spiritualität in der Jugendarbeit zumeist führt. Wo es um lebenspraktische Themen geht, werden diese zwar zuweilen christlich garniert (als Einleitung zum »Mobbing«-Themenabend erfolgt eine Andacht zu Zachäus), aber die Sphäre des Glaubens und das alltägliche Leben bleiben doch oft getrennt. Zumeist bilden christliche Jugendgruppen eine eher eng begrenzte spirituelle Formensprache aus. Je nach Frömmigkeit der jeweiligen Leitungspersonen oder Träger erleben junge Menschen beispielsweise, dass Christ*innen zu Beginn einer Gruppenstunde eine Gebetsgemeinschaft abhalten, zu der man Beiträge in einer ganz bestimmten Sprachform zu leisten habe. Anderswo ist es eine bestimmte Liedkultur, die als Konkretion wahren Glaubens gilt. Am nächsten Ort scheint man evangelisches Glaubensleben gleichzusetzen mit einem Faible für vegane Ernährung oder mit einem bestimmten Kleidungsstil.

Schattendasein der Spiritualität

Wenn evangelische Spiritualität als ein Beziehungsraum mit Gott verstanden wird, in dem der christliche Glaube in aller Freiheit Gestalt gewinnt, darf die Fülle möglicher Ausdrucksformen nicht auf eine Monokultur reduziert werden, die mit der impliziten Botschaft einhergeht: »Entweder du wirst wie wir oder du bist eben kein echter Christenmensch.« Dabei geschehen solche Engführungen zumeist weder bewusst noch mit einer strategischen Zielsetzung. Vielmehr fehlt es gerade jungen

Ehrenamtlichen am Bewusstsein der möglichen Vielfalt spiritueller Gestaltungsformen. Genau hier könnte eine Schlüsselaufgabe theologisch ausgebildeter Hauptamtlicher liegen: Jugendliche Mitarbeitende sollten die Wertschätzung für ihre jeweilige Form der Spiritualität spüren (sich also nicht etwa zu einer »besseren Spiritualität« genötigt fühlen), zugleich aber im Kontext der Jugendarbeit auch andere Formen der Spiritualität erleben – verbunden mit der Erfahrung, dass man in gelassener Weise darüber reflektieren kann, was für jede*n in puncto Spiritualität »passt«. Da Frömmigkeitsformen immer eine sehr persönliche Angelegenheit darstellen, gelingt die dafür nötige Weitung der eigenen Erfahrung am besten im Rahmen einer besonderen Atmosphäre, bei der genügend Zeit und gegenseitiges Vertrauen vorhanden sind. Wochenendfreizeiten oder Schulungswochen an einem besonderen Ort bieten zumeist gute Gelegenheiten für ein solches Wachstum in Sachen Spiritualität. Vielleicht tut es auch gut, bei dieser Thematik externe Personen (beispielsweise Menschen mit Erfahrung in geistlicher Begleitung) einzubinden oder entsprechende Einheiten in einem Team aus Diakon*in, Gemeindepädagog*in und Pfarrer*in zu gestalten, um die Pluralität der Erfahrungen auch auf Leitungsebene zu verankern. Auch überregionale Jugendveranstaltungen oder Schulungen benachbarter Jugendverbände können dazu beitragen, dass Jugendliche die Grenzen ihrer bisherigen Spiritualität überschreiten und in die Weite der christlichen Lebensgestaltung eintauchen.

Horizonte spiritueller Formen weiten

Die folgende Aufzählung geistlicher Erfahrungsräume kann als Anregung dienen, die eigenen Horizonte für die Gestaltung spiritueller Formen zu weiten:

- *Beten in verschiedenen Formen:* Tischgebet, freies Gebet, vorformulierte Gebetstexte, Gebetsgemeinschaften, Schweigezeiten mit stillem Gebet, Gebetsspaziergang, gemeinsam Nachrichten schauen und daraus Fürbitten entwickeln, Perlen des Glaubens, gemeinsamer Tagesabschluss
- *Bibel in neuer Weise entdecken:* Bibliodrama, Bibliolog, persönliche Bibellese mit täglichem Whatsapp-Austausch, ungewohnte Bibelübersetzungen, Bibel teilen, Predigtvorgespräch
- *Gottesdienste und Andachten:* Jugendgottesdienst, Thomasmessen, Gottesdienste von Gemeinden anderer Sprache und Herkunft, freikirchliche Zusammenkünfte, katholische Messe, Friedensgebet, Online-Andachten und Podcasts, Liturgien zum Abendabschluss
- *Musik:* Texte alter Choräle erschließen, Taizé-Liturgien, Lobpreislieder als Gebet, selbst musizieren auch mit Anfänger*innen, ein Gebet als Rap formulieren, Besuch des Weihnachtsoratoriums

- *Kunst:* Glaubenserfahrung in Bilder malen, Betrachtungen von Kunstwerken, mit Fotos und Handy-Videos der Schöpfung auf der Spur, spirituelle Erkundung des Kirchenraums, Straßenkreide-Kunstwerke zur Jahreslosung, Bible Art Journaling, Gestaltung einer Taufkerze mit Wachsplatten
- *Events:* Ökumenischer Kreuzweg der Jugend, Großveranstaltungen wie Kirchentag oder Christival, christliche Rockkonzerte und Musicals, missionarische Veranstaltungen wie JesusHouse
- *Kontemplation:* Meditation, Visionssuche, Tage der Orientierung, Schweigetage im Kloster, Pilgern
- *Diakonisches Engagement:* Mitgestaltung einer Weihnachtsfeier für Obdachlose, Praktikum im Tafelladen, Teilnahme an einer Klima-Demonstration
- *Gemeinschaftsformen:* Spaziergänge in zufälligen Zweiergruppen zu einer Glaubensfrage, Abendmahl in der Jungen Gemeinde, Videokonferenz mit der Jugendgruppe aus der Partnerstadt

Beim Blick auf diese exemplarischen Gestaltungsformen wird rasch deutlich: Evangelische Spiritualität ermöglicht eine sehr viel größere Weite, als sie zumeist in der Jugendarbeit oder in den Kirchengemeinden beheimatet ist. Warum nicht jedes Jahr zwei neue Formen mit der eigenen Jugendarbeit ausprobieren: eine, die mir vertraut ist, und eine, die mir zunächst als besonders fremd erscheint. Wer mit Jugendlichen hier verschiedene Wege geht, erhöht die Chance, dass Einzelne eine Form finden, mit der sie sich identifizieren können – und verdeutlicht zugleich: Der christliche Glaube bietet mehr als die wenigen Formen, die sich bei uns vor Ort etabliert haben. Auch für Ausdrucksweisen der Spiritualität gilt der Grundsatz der Jugendarbeit: Es geht nicht in erster Linie um ein Angebot *für* Jugendliche, sondern immer und zuerst um Formen *mit* und *von* Jugendlichen. Jugendarbeit sollte nicht als Engführung auf bestimmte Frömmigkeitsmuster erlebt werden, sondern einen weiten Raum auch für die Beziehung mit Gott öffnen.

jedes Jahr zwei neue Formen

3 Update zu Rahmenbedingungen und Themen

Nachdem der Ansatz dieses Buchs, Jugendarbeit als Beziehungsraum zu gestalten, im vorigen Teil entfaltet wurde, sollen nun die Rahmenbedingungen vorgestellt werden, unter denen evangelische Jugendarbeit in den 2020er-Jahren stattfindet. Dazu gehören Strukturfragen, der rechtliche Rahmen, das Miteinander von Haupt- und Ehrenamt und die sozialpädagogischen Prinzipien der Jugendarbeit (Kapitel bis 3.1 bis 3.4). Anschließend werden ausgewählte Themen diskutiert, die für die aktuelle Jugendarbeit relevant sind. Diese Themen verändern nicht die Zielsetzung evangelischer Jugendarbeit, aber ohne ihre Bearbeitung würde die Jugendarbeit ihrer Aufgabe nicht gerecht, die gesellschaftlichen Entwicklungen aus der Perspektive junger Menschen sorgfältig wahrzunehmen und zu begleiten.

3.1 Strukturelle Verortung in Kirche und Verband

Nicht nur für Außenstehende, auch für die Aktiven selbst stellen sich die Strukturen der evangelischen Jugendarbeit als reichlich komplex dar, zumal sie in jeder Landeskirche spezifische Unterschiede aufweisen. Evangelische Jugendarbeit in Deutschland ist geprägt vom Miteinander, zuweilen auch Gegeneinander, von kirchlicher Jugend und eigenständigem Jugendverband. Um die Anliegen und Stärken beider Stränge zu verstehen, hilft ein Blick in die Geschichte: Die *Jugendverbände* gehen auf die sozialen Bewegungen des 19. Jahrhunderts zurück, bei denen Jugend erstmals als eigenständige Lebensphase in den Blick kam. Die Gründung des YMCA-Weltbunds in Paris im Jahr 1855 steht exemplarisch für den jugendverbandlichen Aufbruch, der in der Folgezeit auch Deutschland erfasste und 1883 in Berlin zur Gründung des ersten CVJM führte. Die *landeskirchliche Arbeit* für junge Menschen stand zunächst in einem spannungsvollen Verhältnis zu diesen ehrenamtlich organisierten Jugendverbänden. Als jedoch durch die Gleichschaltungspolitik des Nationalsozialismus die Eigenständigkeit der Verbände bedroht war, wurde die

CVJM

Verbandsarbeit unter dem Dach der Kirchengemeinden fortgesetzt. Nach dem Ende des Nationalsozialismus kam es im Westen zur Wiedergründung der Jugendverbände, während im Osten die »Junge Gemeinde« den Ort der Jugendarbeit weiterhin im Raum der Kirchengemeinde bestimmte.

Junge Gemeinde

Die Spannung zwischen den beiden Organisationslogiken einer parochialen Gemeindejugend und eines unabhängigen Jugendverbands liegen bis heute im Hintergrund zahlreicher Strukturdebatten der Jugendarbeit: Liegt die Entscheidungshoheit über Jugendfragen bei den Erwachsenen, die Entscheidungen für »ihre Jugend« treffen? Oder organisiert sich die Jugend eigenständig, wählt Gremien und bildet Verbandsstrukturen aus, die auch im Gegenüber zur verfassten Kirche auftreten? Bedeutet evangelische Jugendarbeit die Nachwuchspflege der Kirchenmitglieder oder ist sie offen für alle jungen Menschen ungeachtet der Konfession? »Gehört« die Konfi-Arbeit dem örtlichen Pfarramt oder kann die jugendverbandliche Arbeit hier direkt anknüpfen? Die historisch gewachsenen Strukturen bieten durchaus Anlässe für komplizierte Debatten und misstrauische Abgrenzung. Wer allerdings etwas mit und für junge Menschen erreichen will, wird sich nicht auf die Konflikte konzentrieren, sondern die Potenziale suchen, die in den gewachsenen Strukturen liegen. In der Fachwelt und im politischen Raum werden die kirchlichen Binnendifferenzierungen ohnehin kaum wahrgenommen. Hier gelten die unterschiedlichen Organisationsformen der evangelischen Kinder- und Jugendarbeit zusammengefasst als Jugendverband Evangelische Jugend nach § 12 SGB VIII (vgl. dazu das folgende Kapitel 3.2).

Ein Modell, in dem die verbandliche evangelische Jugendarbeit sich eigenständig neben der gemeindlichen Jugendarbeit (oder sogar dezidiert gegen diese) positioniert, mag in Zeiten der großen Teilnahmezahlen zu produktiver Konkurrenz geführt haben. In einer Zeit rückläufiger Zahlen evangelischer Jugendlicher (vgl. Kapitel 1.3), erscheinen solche Parallelstrukturen hingegen als wenig zukunftsweisend. Eine produktive Weise, beide Stränge zu verbinden, wurde in der Evangelischen Landeskirche in Württemberg gefunden: Das dortige Evangelische Jugendwerk, zu dem auch die örtlichen CVJM-Vereine gehören, arbeitet »selbständig im Auftrag« der Landeskirche. Damit sind beide Anliegen festgehalten: Die Eigenart eines selbständigen Jugendverbands und die Verbindung zur verfassten Kirche, in deren Auftrag und mit deren Finanzierung man arbeitet. In ähnlicher Weise lassen sich Kirchengemeinde und Jugendverband auch auf der örtlichen Ebene miteinander verbinden, wenn beide Seiten genügend Verständnis für die Perspektive des jeweils anderen

Partners mitbringen und die zuständigen Personen ein vertrauensvolles und wertschätzendes Miteinander einüben. Für die konkrete Gestaltung der örtlichen Jugendarbeit erscheint es ratsam, die Kräfte nicht zu sehr in Strukturdebatten zu investieren. Im Mittelpunkt steht das pragmatische Ziel, den Beziehungsraum Jugendarbeit bestmöglich in die angetroffene Gesamtarchitektur einzufügen.

Arbeitsgemeinschaft der Evangelischen Jugend in Deutschland e. V. (aej)

Als Dachverband vertritt die Arbeitsgemeinschaft der Evangelischen Jugend in Deutschland e. V. (aej) die Jugendarbeit der Landeskirchen innerhalb der EKD, die Jugendarbeit der evangelischen Freikirchen sowie die folgenden Jugendverbände und Jugendwerke (vgl. dazu auch Kapitel 3.8):

- Arbeitsgemeinschaft Evangelische Schülerinnen- und Schülerarbeit (AES)
- Christliche Pfadfinderschaft Deutschlands e. V. (CPD)
- Christlicher Verein Junger Menschen Deutschland (CVJM)
- Deutscher Jugendverband »Entschieden für Christus« e. V. (EC)
- Johanniter-Jugend (JJ) als Jugendorganisation der Johanniter-Unfall-Hilfe e. V.
- netzwerk-m – mission:mensch
- Verband Christlicher Pfadfinderinnen und Pfadfinder (VCP)

Jugendringe

Die Zusammenschlüsse verschiedener Jugendverbände werden auf den jeweiligen Ebenen als Jugendringe bezeichnet. In den Stadtjugendringen, Kreisjugendringen, Landesjugendringen sowie im Bundesjugendring kommt den konfessionellen Jugendverbänden häufig eine federführende Rolle zu, weil sie besonders groß und verhältnismäßig professionell strukturiert sind. Ein direkter Kontakt der örtlichen Jugendarbeit mit den Jugendringen ergibt sich oftmals über die dort koordinierten finanziellen Förderungen und Zuschüsse, beispielsweise aus dem Landesjugendplan. Darüber hinaus bieten die Jugendringe auch eine Plattform für gemeinsame inhaltliche und politische Anliegen der Jugendarbeit. Nicht zuletzt sind sie für junge Menschen Experimentier- und Lernraum für demokratisches Engagement. Auch im politischen Raum sind die Jugendringe zentrale Ansprechpartner und Lobbyisten für Themen der Jugendpolitik, beispielsweise in den Debatten zur Absenkung des Wahlalters.

Die Vielfalt der Jugendverbände und deren Werteorientierung gehören zu den Kennzeichen der Jugendarbeit, die vom Gesetzgeber ausdrücklich unterstützt werden, wie das nächste Kapitel zeigt.

3.2 Rechtliche Rahmenbedingungen

Durch ihre Verankerung im Achten Sozialgesetzbuch (SGB VIII, umgangssprachlich auch als Kinder- und Jugendhilfegesetz KJHG bezeichnet) ist die Jugendarbeit ein Leistungsbereich der Kinder- und Jugendhilfe. Wichtige Grundsätze sind im Ersten Kapitel des SGB VIII genannt und sollen hier ausschnittweise zitiert werden:

Achtes Sozialgesetzbuch = Kinder- und Jugendhilfegesetz

§ 1 (1) Jeder junge Mensch hat ein Recht auf Förderung seiner Entwicklung und auf Erziehung zu einer selbstbestimmten, eigenverantwortlichen und gemeinschaftsfähigen Persönlichkeit.
(2) Pflege und Erziehung der Kinder sind das natürliche Recht der Eltern und die zuvörderst ihnen obliegende Pflicht. Über ihre Betätigung wacht die staatliche Gemeinschaft.

§ 3 (1) Die Jugendhilfe ist gekennzeichnet durch die Vielfalt von Trägern unterschiedlicher Wertorientierungen und die Vielfalt von Inhalten, Methoden und Arbeitsformen.

§ 4 (1) Die öffentliche Jugendhilfe soll mit der freien Jugendhilfe zum Wohl junger Menschen und ihrer Familien partnerschaftlich zusammenarbeiten. Sie hat dabei die Selbständigkeit der freien Jugendhilfe in Zielsetzung und Durchführung ihrer Aufgaben sowie in der Gestaltung ihrer Organisationsstruktur zu achten.
(2) Soweit geeignete Einrichtungen, Dienste und Veranstaltungen von anerkannten Trägern der freien Jugendhilfe betrieben werden oder rechtzeitig geschaffen werden können, soll die öffentliche Jugendhilfe von eigenen Maßnahmen absehen.
(3) Die öffentliche Jugendhilfe soll die freie Jugendhilfe nach Maßgabe dieses Buches fördern und dabei die Beteiligung von Kindern, Jugendlichen und Eltern stärken.

In § 7 werden unter anderem folgende Begriffsbezeichnungen definiert:
- 0 bis 13 Jahre: Kind
- 14 bis 17 Jahre: Jugendliche*r
- 18 bis 26 Jahre: junge*r Volljährige*r
- 0 bis 26 Jahre: junger Mensch

Zu den Inhalten der §§ 8, 8a und 8b (Kinderschutz) finden sich Ausführungen in Kapitel 5.2. Der § 9 enthält unter anderem Bestimmungen, die darauf abzielen, dass die Grundrichtung der von den Eltern, genauer: Personensorgeberechtigten, intendierten (religiösen) Erziehung bei Angeboten der Kinder- und Jugendhilfe geachtet wird. Auch die Gleichberechtigung der Geschlechter ist dort als Leitziel verankert. § 10 bestimmt das Verhältnis zu anderen Leistungen.

Jugendarbeitsparagrafen: §§ 11 und 12 SGB VIII

Die zentralen Formulierungen zur Jugendarbeit finden sich dann in den §§ 11 und 12 des SGB VIII:

§ 11 (1) Jungen Menschen sind die zur Förderung ihrer Entwicklung erforderlichen Angebote der Jugendarbeit zur Verfügung zu stellen. Sie sollen an den Interessen junger Menschen anknüpfen und von ihnen mitbestimmt und mitgestaltet werden, sie zur Selbstbestimmung befähigen und zu gesellschaftlicher Mitverantwortung und zu sozialem Engagement anregen und hinführen. Dabei sollen die Zugänglichkeit und Nutzbarkeit der Angebote für junge Menschen mit Behinderungen sichergestellt werden.
(2) Jugendarbeit wird angeboten von Verbänden, Gruppen und Initiativen der Jugend, von anderen Trägern der Jugendarbeit und den Trägern der öffentlichen Jugendhilfe. Sie umfasst für Mitglieder bestimmte Angebote, die offene Jugendarbeit und gemeinwesenorientierte Angebote.
(3) Zu den Schwerpunkten der Jugendarbeit gehören:

1. *außerschulische Jugendbildung mit allgemeiner, politischer, sozialer, gesundheitlicher, kultureller, naturkundlicher und technischer Bildung,*
2. *Jugendarbeit in Sport, Spiel und Geselligkeit,*
3. *arbeitswelt-, schul- und familienbezogene Jugendarbeit,*
4. *internationale Jugendarbeit,*
5. *Kinder- und Jugenderholung,*
6. *Jugendberatung.*

(4) Angebote der Jugendarbeit können auch Personen, die das 27. Lebensjahr vollendet haben, in angemessenem Umfang einbeziehen.

§ 12 (1) Die eigenverantwortliche Tätigkeit der Jugendverbände und Jugendgruppen ist unter Wahrung ihres satzungsgemäßen Eigenlebens nach Maßgabe des § 74 zu fördern.
(2) In Jugendverbänden und Jugendgruppen wird Jugendarbeit von jungen Menschen selbst organisiert, gemeinschaftlich gestaltet und mitver-

antwortet. Ihre Arbeit ist auf Dauer angelegt und in der Regel auf die eigenen Mitglieder ausgerichtet, sie kann sich aber auch an junge Menschen wenden, die nicht Mitglieder sind. Durch Jugendverbände und ihre Zusammenschlüsse werden Anliegen und Interessen junger Menschen zum Ausdruck gebracht und vertreten.

Wie in der Kinder- und Jugendhilfe insgesamt kommt den freien Trägern in der Kinder- und Jugendarbeit eine bedeutsame Stellung zu: Die »Vielfalt unterschiedlicher Wertorientierungen« (§ 3 Abs. 1) und die »Wahrung ihres satzungsgemäßen Eigenlebens« (§ 12 Abs. 1) soll ausdrücklich gefördert werden. Nach § 4 Abs. 2 genießen freie Träger im Sinne der Subsidiarität eine Vorrangstellung vor öffentlichen Trägern. Sofern also die evangelische Jugendarbeit ein Jugendhaus anbieten kann, soll die Kommune dies unterstützen und davon absehen, stattdessen ein eigenes Jugendhaus zu eröffnen. Beim Betrieb dieses Jugendhauses darf die evangelische Wertorientierung des Trägers zum Ausdruck kommen. Zugleich wird aber darauf zu achten sein, dass das Jugendhaus allen Jugendlichen offensteht und diese gemäß § 9 nicht in ihrer (auch negativen) Religionsfreiheit gestört werden. Insgesamt billigt das SGB VIII den Kirchen ein hohes Vorschussvertrauen zu, sie sind gemäß § 75 Abs. 3 automatisch »anerkannte Träger der freien Jugendhilfe« und damit nach § 74 im Blick auf ihre Leistungen in der Jugendhilfe (und damit auch der Jugendarbeit) förderungswürdig.

Subsidiarität

In der Praxis der Jugendarbeit werden die kirchlichen Träger zumeist sehr geschätzt und bieten – nicht zuletzt durch ihre mit hauptamtlicher Professionalität abgesicherte Struktur – ein hohes Niveau der Fachlichkeit. Die Grenzen zwischen einer »§ 11-fähigen« (und damit finanziell förderungswürdigen) Jugendarbeit und »innerkirchlicher Nachwuchsgewinnung« verlaufen in der Praxis fließend: So gilt die Konfi-Arbeit mit der Fokussierung auf eine rein evangelische Zielgruppe und ihrer thematisch-unterrichtlichen Ausrichtung nicht als Teil der Jugendarbeit im Sinne des § 11, auch wenn sich beispielsweise eine Konfi-Freizeit auf den ersten Blick kaum von anderen Jugendfreizeiten unterscheidet.

Nicht zu verwechseln ist die in § 11 SGB VIII beschriebene Jugendarbeit mit der Jugend*sozial*arbeit, die in § 13 beschrieben wird. Während sich die Ziele des § 11 auf alle jungen Menschen beziehen, sind in der Jugendsozialarbeit diejenigen jungen Menschen im Blick, die besondere Unterstützungsbedarfe aufweisen. Genannt werden in § 13 die Förderung von Ausbildung, Eingliederung in die Arbeitswelt und soziale Integration.

Jugendsozialarbeit

Selbstverständlich sind diese Jugendlichen auch Zielgruppe und Akteur*innen der Jugendarbeit nach § 11. Wenn im politischen Raum aber immer wieder die Forderung erhoben wird, die Jugendarbeit solle sich vor allem um diejenigen kümmern, die im gesellschaftlichen Leben zu scheitern drohen, so muss entgegnet werden: Jugendarbeit ist für alle jungen Menschen da – auch, aber nicht ausschließlich für solche mit besonderem Unterstützungsbedarf. Die Nahtstellen zwischen Jugendarbeit und Jugendsozialarbeit – und natürlich auch zur Schulsozialarbeit, die in § 13a eigens geregelt ist – sollten gut gepflegt werden, damit die Verantwortlichen Synergien ausloten können. Es handelt sich aber um unterschiedliche Arbeitsfelder mit je eigenen Profilen.

Neben diesen grundsätzlichen Einordnungen spielt in der praktischen Jugendarbeit eine Fülle rechtlicher Regelungen eine Rolle. Diese sind für den Bereich der christlichen Kinder- und Jugendarbeit im Buch »Recht – gut informiert sein« (Wilka/Schmidt 2018) umfangreich dargestellt, ausgewählte Themen sollen im Folgenden stichwortartig benannt werden (vgl. dazu auch Patjens 2020):

ehrenamtliche Mitarbeitende

Ehrenamtliche Mitarbeitende stehen auch ohne schriftliche Vereinbarung in einem Auftragsverhältnis zum Träger. Daraus ergibt sich die Pflicht, den Auftrag auszuführen, aber auch das Recht, Entscheidungsspielräume zu nutzen, solange die Ehrenamtlichen davon ausgehen können, dass dies im Sinne des Trägers ist. Ehrenamtliche sind zur Auskunft und Rechenschaft gegenüber dem Träger verpflichtet, dieser wiederum ersetzt die finanziellen Aufwendungen und sorgt für die Qualifizierung seiner Ehrenamtlichen. Die Zusammenarbeit ist von beiden Seiten kündbar. Auch minderjährige Mitarbeitende können eine Gruppe leiten, sofern die notwendige Reife vorhanden ist, sie über die entsprechende Qualifikation (beispielsweise die »Juleica«) verfügen und ihre Sorgeberechtigten damit einverstanden sind.

Aufwandsentschädigung

Ehrenamtliche Tätigkeit wird zwar in der Regel nicht bezahlt, möglich ist aber, die Mitarbeit mit einer Aufwandsentschädigung zu honorieren, die bis zu einer bestimmten Höhe von der Einkommenssteuer befreit bleibt. Die Ehrenamtspauschale beträgt seit 2021 jährlich 840 Euro und kann für jede Art ehrenamtlicher Tätigkeit steuerfrei vereinnahmt werden. Der Übungsleiterfreibetrag von jährlich bis zu 3.000 Euro kann im Rahmen der Kinder- und Jugendarbeit dann in Anspruch genommen werden, wenn es sich um eine pädagogische Tätigkeit handelt, beispielsweise für die Mitarbeit bei einer Kinderferienaktion oder die Leitung des Jugendposaunenchors.

Aufsichtspflicht

Nimmt ein junger Mensch an einem Angebot der Jugendarbeit teil, wird damit automatisch die Aufsichtspflicht von den Eltern an den Träger (und von diesem an die jeweiligen Mitarbeitenden) delegiert. Dazu bedarf es keiner bestimmten Form: Zwar sind bei größeren Maßnahmen schriftliche Anmeldungen empfehlenswert. Die Delegation der Aufsichtspflicht ist aber auch durch »konkludentes Handeln« rechtsgültig, also wenn sowohl Eltern als auch die Gruppenverantwortlichen ihr Einverständnis mit der Teilnahme an einer Veranstaltung eindeutig zu erkennen gegeben haben, beispielsweise indem die Eltern ihr Kind zum Abfahrtsort gebracht haben. Mit der Aufsichtspflicht übernehmen Mitarbeitende die Sorge dafür, dass die ihnen anvertrauten Personen nicht zu Schaden kommen oder ihrerseits andere schädigen. Die konkrete Umsetzung der Aufsichtspflicht ist nicht gesetzlich geregelt, allerdings haben die Gerichte mittlerweile einige Leitlinien entwickelt. Diese ergeben sich im Wesentlichen aus dem »gesunden Menschenverstand«, indem man das Maß und den Umfang der Aufsicht an den Bedürfnissen der jeweiligen Zielgruppe und den Anforderungen der konkreten Situation orientiert. Es kommt darauf an, was »verständige Eltern« in der betreffenden Situation tun würden. Am Beispiel eines Zeltlagers in der Nähe einer Felsklippe können die wesentlichen Umsetzungsschritte beschrieben werden: Das Team informiert sich über die Eigenheiten des Zeltplatzes und prüft, dass die gefährlichen Bereiche gesichert bzw. abgesperrt sind (»Verkehrssicherungspflicht«). Zu Beginn der Maßnahme werden die Jugendlichen über den Gefahrenbereich informiert. Entsprechende Regeln werden so besprochen, dass diese auch tatsächlich verstanden werden können (beispielsweise im Rahmen einer Geländebegehung). Die Überwachung dieser Regeln erfolgt situationsangemessen. So kann bei einem Geländespiel erwartet werden, dass eine Mitarbeiterin den gefährlichen Bereich um die Felsklippe ständig im Blick behält. Es muss aber keine vorsorgliche 24-Stunden-Absicherung der Gefahrenstelle erfolgen. Angemessene Verbote (»nachts verlässt niemand den Zeltplatz«) können ausgesprochen werden und dürfen ggf. mit Sanktionen verbunden werden, die natürlich immer verhältnismäßig sein müssen. Sollte durch all diese Maßnahmen kein wirksamer Schutz gewährleistet sein, können Mitarbeitende im Notfall zur Gefahrenabwehr auch die Handlungsfreiheit von Teilnehmenden einschränken. Beispielsweise könnte ein privates Kletterseil eingezogen werden, wenn ein Jugendlicher ankündigt, sich in den Klippen eigenständig abzuseilen. Trotz aller Vorkehrungen werden sich Schadensfälle in der Jugendarbeit nie vollständig vermeiden lassen. Mit einem ver-

gesunder Menschenverstand

nünftigen Vorgehen, das sinnvollerweise immer wieder auch im Team besprochen wird, ist den Vorgaben der Aufsichtspflicht Genüge geleistet. Die Sorge, dass man stets »mit einem Bein im Gefängnis steht«, ist für die gängigen Formen der Jugendarbeit unbegründet.

Jugendschutz

Die Regelungen im Bereich Jugendschutz haben das Ziel, Kinder und Jugendliche gegen Gefährdungen zu schützen. Hier ist beispielsweise festgelegt, dass Bier erst an Jugendliche ab 16 Jahren, Schnaps und Zigaretten erst an Volljährige abgegeben werden dürfen. Bei Veranstaltungen eines anerkannten Jugendhilfeträgers dürfen Kinder bis 22 Uhr und Jugendliche bis 24 Uhr ohne Begleitung anwesend sein – damit gewährt der Gesetzgeber hier großzügigere Regelungen als beispielsweise bei kommerziellen Clubs. Ein Überblick über die Regelungen, auch zum Jugendmedienschutz, findet sich unter www.jugendschutz-aktiv.de.

Urheberrecht

Eine komplexe Thematik ergibt sich rund um das Urheberrecht und die Nutzung von Medien. Für die kirchliche Jugendarbeit sind viele Fälle der Musiknutzung, beispielsweise die Wiedergabe von Musikstücken oder das Erstellen von Liedblättern für Gottesdienste, über Rahmenverträge der EKD mit den entsprechenden Verwertungsgesellschaften abgegolten. Der oftmals leichtfertige Umgang mit Bildern oder Musikstücken aus dem Internet entspricht dagegen zumeist nicht den rechtlichen Vorgaben. Zur Lizenzierungsmöglichkeit für Lieder und Filme mit CCLI finden sich Informationen im Anhang 7.2 (S. 124).

Fotos

Bei der Verwendung von Fotos gilt das von der Rechtsprechung entwickelte Recht am eigenen Bild, das deutsche Kunsturhebergesetz (KunstUrhG) sowie im Falle der automatisierten Datenspeicherung (Digitalfotografie!) die europarechtliche Datenschutz-Grundverordnung (DSGVO). Sofern eine Person individuell erkennbar ist, können Persönlichkeitsrechte grundsätzlich verletzt sein. Eine Verwendung, beispielsweise im Gemeindebrief, ist nur nach vorheriger Zustimmung der Abgebildeten sowie ggf. deren Eltern gestattet. Dies gilt auch für Aufnahmen mit mehreren Personen – die mancherorts zitierte Annahme, bei mehr als fünf Personen sei der Abdruck auch ungefragt zulässig, ist falsch. Allerdings gilt auch bei der Frage der Fotonutzung, dass kein übertriebener Formalismus aufgebaut werden muss. Eine Einwilligung muss nicht schriftlich erfolgen, sie kann beispielsweise als erteilt gelten, wenn die Fotografin das Team der Kuchentheke bittet, für ein Foto im Gemeindebrief freundlich zu lächeln.

3.3 Partizipative Leitung durch Ehrenamtliche und Hauptamtliche

»In Jugendverbänden und Jugendgruppen wird Jugendarbeit von jungen Menschen selbst organisiert, gemeinschaftlich gestaltet und mitverantwortet«, so formuliert es § 12 SGB VIII. Die Zielgruppe der Jugendarbeit ist also zugleich ihre wesentliche Akteurin: Jugendverbandsarbeit wird – so die Theorie – nicht nur *für,* sondern auch *von* jungen Menschen gestaltet. Für die Ebene der konkreten pädagogischen Arbeit trifft dies in der Realität auch zu. In den Leitungsebenen, also im Vorstand des Jugendverbands oder im Jugendausschuss der Kirchengemeinde arbeiten dagegen oft auch Personen mit, die über 27 Jahre alt und damit nicht mehr selbst »junge Menschen« im Sinne des § 7 SGB VIII sind. Das hat nachvollziehbare Gründe: Derselbe Staat, der Jugendverbände über ihre Selbstorganisation definiert, setzt (mit gutem Recht!) hohe Standards für solche Verbände, beispielsweise im Vereinsrecht. Haushalte müssen aufgestellt und Kassen geprüft werden, Vereinshäuser benötigen Pflege und Bewirtschaftung, Sitzungen erfordern Leitung und Protokolle. In der praktischen Tätigkeit kommen zur ohnehin herausfordernden normalen pädagogischen Arbeit immer wieder zusätzliche Aufgaben dazu. Ein Beispiel dafür ist die Prävention sexualisierter Gewalt und die damit verbundene Schulungs- und Verwaltungsarbeit, beispielsweise bei der Einsichtnahme in erweiterte Führungszeugnisse (vgl. Kapitel 5.2). Es liegt auf der Hand, dass eine örtliche Jugendarbeit kaum ohne erfahrene Erwachsene funktioniert, auch wenn das Vereinsrecht grundsätzlich Minderjährige in Vereinsämter zulässt und für die Anerkennung als Träger der Jugendhilfe die Mitbestimmungsmöglichkeiten junger Menschen sogar erforderlich sind (vgl. Wilka/Schmidt 2018, 18–29). Der Gewinnung, Qualifizierung und Begleitung von Ehrenamtlichen kommt in der Jugendarbeit daher ein entscheidendes Gewicht zu, den praktischen Aspekten zum Thema Ehrenamtliche ist Kapitel 4.7 gewidmet.

Welche Verantwortungsstrukturen werden den Erfordernissen guter Jugendarbeit gerecht? Die Lösungen vor Ort sind unterschiedlich und hängen auch davon ab, ob es sich um einen Jugendverband oder die »Jugendabteilung« einer Kirchengemeinde handelt (vgl. dazu Kapitel 3.1). In jedem Fall wird die Verantwortung zumeist von Ehrenamtlichen wahrgenommen, das Ehrenamt gilt als ein wichtiges Strukturprinzip der Jugendarbeit. Mancherorts machen Jugendliche die frustrierende Erfahrung, dass die Macht in der Kirche auch bei Jugendthemen ganz in der

Ehrenamt als Strukturprinzip

Hand von Erwachsenen liegt. Hier zeigt sich, wie ernst es Verantwortungsträger*innen mit einer beziehungsorientierten Jugendarbeit ist: Reicht das Vertrauen so weit, dass Entscheidungskompetenzen über Veranstaltungen, Räume und Finanzen direkt bei den Jugendlichen liegen? Gelingt ein gutes Miteinander der Generationen? Optimal ist zumeist ein aus Jugendlichen und Erwachsenen gemischt zusammengesetzter Leitungskreis. Oft sind jüngere Engagierte dankbar, wenn für die komplexen Leitungs- und Vorstandstätigkeiten auch engagierte Erwachsene bereitstehen. Es sollte aber darauf geachtet werden, dass zumindest einzelne junge Menschen auch in den Leitungsgremien vertreten sind und auf Führungsaufgaben vorbereitet werden – Kirchengemeinderäte und Synoden sollten nicht ohne junge Menschen tagen! Da Gremiensitzungen und Strukturfragen für viele Jugendliche als unattraktiv gelten, können neue Formen der Partizipation ausprobiert werden, beispielsweise durch ein jährliches Forum, bei dem in eher informeller Weise anstehende Themen diskutiert werden (vgl. auch Kapitel 3.5). Junge Mitarbeitende sollten spüren, dass ihre Meinung zählt und das Leitungsgremium ihnen Möglichkeiten eröffnet: »Fehlt euch Material? Gebt uns eine Info, dann beschließen wir die Anschaffung in der nächsten Vorstandssitzung« – solche Impulse sind wichtig, damit Leitungsgremien nicht nur als Regulierer, sondern vielmehr als Ermöglicher gelingender Jugendarbeit wahrgenommen werden. Dazu trägt es auch bei, wenn alle Bereiche der Jugendarbeit »anlasslos« regelmäßig in den Kirchengemeinderatssitzungen besprochen und die jeweiligen Verantwortlichen mit einer Einladung (nicht Vorladung!) als Sitzungsgäste gewürdigt werden.

Leitungsgremien als Ermöglicher

Fachlichkeit durch Hauptamtliche

Die Fachlichkeit der evangelischen Kinder- und Jugendarbeit wird durch Hauptamtliche gesichert und vorangebracht. Je nach Region werden sie als Gemeindepädagog*innen, Jugenddiakon*innen oder Jugendreferent*innen bezeichnet. Die Landeskirchen haben den Zugang zu diesen Berufsfeldern unterschiedlich geregelt, für gewöhnlich wird eine doppelte Qualifikation aus den Bereichen Soziale Arbeit sowie Gemeindepädagogik/Theologie erwartet. Neben den in früheren Jahren üblichen Fachschulabschlüssen etablieren sich zunehmend Hochschulabschlüsse als Standard für eine hauptberufliche Tätigkeit in der Kinder- und Jugendarbeit. Eine von der Arbeitsgemeinschaft der Evangelischen Jugend in Deutschland (aej) veröffentlichte Kompetenzmatrix verdeutlicht die komplexen Anforderungen in diesem Feld. In den drei Rubriken »personale/soziale Kompetenz«, »Wissen und Verstehen« sowie »Fertigkeiten« werden dort eine Vielzahl notwendiger Kompetenzen benannt, die jeweils auf der Mikroebene (im direkten Kontakt mit Subjekten), auf der Mesoebene (in Organisationen und Institutionen) sowie auf der Makroebene, also im Blick auf gesamtgesellschaftliche Prozesse, erforderlich sind (vgl. www.aej.de/kompetenzmatrix). Tatsächlich beinhaltet die berufliche Tätigkeit in der Jugendarbeit sehr unterschiedliche Aufgaben, bei denen beispielsweise die administrativen und organisatorischen Aspekte nicht zu unterschätzen sind – gerade diese Felder sind kaum ehrenamtlich leistbar.

Nach außen lässt es sich oftmals nur schwer vermitteln, warum das »Kaffeetrinken am Tischkicker«, wie eine geringschätzige Wahrnehmung der beziehungsorientierten Jugendarbeitspraxis zuweilen lautet, eine anspruchsvolle Tätigkeit sein kann. Weniger im Blick sind hauptamtliche Tätigkeiten wie die Begleitung eines Jugendlichen mit Gewalterfahrungen, das Management einer internationalen Jugendbegegnung mit einer Fülle von Kooperationspartner*innen, die Öffentlichkeitsarbeit in Print- und Onlinemedien oder die Erarbeitung eines Jugendkreuzwegs mit einem ökumenischen Team von Ehrenamtlichen. Für diese Vielfalt benötigen Hauptamtliche fachliche Kompetenz, Leidenschaft für das Berufsfeld, die Bereitschaft fließende Übergänge von Beruf und Privatleben zu akzeptieren – und einen gelassenen Umgang mit eigenen Schwächen im Sinne der »Inkompetenzkompensationskompetenz«. Hauptamtliche sollten, auch wenn sie manches Mal allein an einem Ort arbeiten, gute Teamplayer sein und mit Ehrenamtlichen, Honorarkräften, Mitarbeitenden im Freiwilligendienst, Verwaltungskräften und anderen an einem Strang ziehen. Eine Studie zu den Gelingensbedingungen besonders jugendaktiver Gemeinden konnte zeigen, dass ein gutes Miteinander aller Verantwortlichen vor allem dann eintritt, wenn die Einzelnen ein hohes Maß an Wertschätzung erfahren. Beziehungen spielen also auch im Miteinander von Haupt- und Ehrenamtlichen eine Schlüsselrolle. Die Einsetzung und Verabschiedung von Ehrenamtlichen im Gottesdienst, eine persönliche Geburtstagskarte und das ehrliche Interesse an der Person in Einzelkontakten können Zeichen solcher Wertschätzung sein (vgl. Pohlers u. a. 2016, 76–95). Dass auch hauptamtliche Jugendarbeiter*innen selbst einen solchen wertschätzenden Umgang durch ihre Vorgesetzten verdient haben, versteht sich von selbst.

»Inkompetenzkompensationskompetenz«

Neben den oben genannten speziell ausgebildeten »Jugendarbeitsprofis« kommt eine Vielzahl weiterer hauptamtlich Tätiger im kirchlichen Feld mit der Jugendarbeit in Berührung. Dazu gehören zentral die Pfarrer*innen. Im Theologiestudium befassen sie sich vielleicht mit Konfi-Arbeit, nur in Ausnahmefällen aber mit Jugendarbeit – ein systematischer Mangel, der auch im Vikariat kaum kompensiert wird. Allerdings können Pfarrer*innen auch dann eine erfolgreiche Jugendarbeit verantworten, wenn sie selbst wenig jugendaffin sind. In den meisten Landeskirchen können sie die Kompetenz von Jugendarbeitsfachstellen einbeziehen, die zumeist auf Ebene der Kirchenkreise angesiedelt sind. Neben den Pfarrer*innen spielen auch andere beruflich Mitarbeitende eine wichtige Rolle in der Gestaltung einer jugendarbeitsfreundlichen Grundatmosphäre vor Ort: Ob eine 16-Jährige sich gern engagiert, wird sie auch daran festmachen, ob sie beim Telefonat mit der Gemeindesekretärin, dem Kirchenmusiker oder der Kirchenpflegerin freundlich oder abweisend behandelt wird.

> Eine positive Grundhaltung gegenüber der Jugendarbeit und ein serviceorientierter Umgang mit Ehrenamtlichen tragen wesentlich zu einer förderlichen Grundatmosphäre bei.

Experimentierfreude statt Angst

Wo Konflikte und Unverständnis auftauchen, sollten Leitungspersonen das gegenseitige Kennenlernen fördern und Spielregeln aufstellen, die ein geordnetes Miteinander und Freiräume ermöglichen. Nicht die Angst vor Fehlern sollte die Agenda bestimmen, sondern eine Experimentierfreude, die immer wieder Neues ermöglicht und das Scheitern einzelner Projekte nicht als Makel sieht.

Die sozialpädagogische Beruflichkeit der Hauptamtlichen in der Jugendarbeit bildet eine wichtige Ausgangsbasis für die Vernetzung kirchlicher Arbeit mit dem Gemeinwesen. Vielerorts hat sich die kirchliche Jugendarbeit als kompetenter Akteur im Jugendbereich einen Namen gemacht und ist mit ihren Hauptamtlichen in Jugendhilfeausschüssen und Jugendringen aktiv. Die evangelische Jugendarbeit trug und trägt mit ihrer Fachlichkeit wesentlich zur Entwicklung sozialpädagogischer Handlungsprinzipien der Jugendarbeit insgesamt bei, wie sie im folgenden Kapitel vorgestellt werden.

3.4 Sozialpädagogische Handlungsprinzipien der Jugendarbeit

Einige zentrale Handlungsprinzipien der Jugendarbeit werden im Folgenden – nicht abschließend – genannt. Diese beziehen sich auf die allgemeine Jugendarbeit gemäß § 11 und 12 SGB VIII. Da das »satzungsgemäße Eigenleben« nach § 12 (1) konstitutiv zur Jugendverbandsarbeit gehört, entspricht eine evangelische Ausgestaltung dieser Handlungsprinzipien der Idee einer staatlich geförderten wertebasierten Jugendarbeit (vgl. ausführlicher zu den Prinzipien: Ilg 2013). In der folgenden Beschreibung schließen sich an die Darstellung eines Prinzips jeweils einige *Impulsfragen an die Praxis der evangelischen Jugendarbeit* an. Ausführliche theoretische Grundlagen bleiben aus Platzgründen außen vor (vgl. dazu Thole u. a. 2021).

Freiwilligkeit

Freiwilligkeit: Ob junge Menschen an den Angeboten der Jugendarbeit teilnehmen, entscheiden diese selbst. In der Freiwilligkeit erleben sie den zentralen Unterschied zum Kontext Schule, aber auch zu Gruppenangeboten wie der Konfi-Arbeit, die – wenn die Anmeldung erfolgt ist – eine regelmäßige Teilnahme voraussetzt. In der evangelischen Jugendarbeit weist das Prinzip der Freiwilligkeit auch darauf hin, dass Glaube nur im Kontext der Freiheit gedeihen kann: »Wo der Geist des Herrn ist, da ist Freiheit« (2. Kor 3,17).

Spüren Jugendliche, dass sie bei uns willkommen sind, aber auch weiterziehen dürfen? Wird bei der Rekrutierung Ehrenamtlicher deutlich, dass auch ein zeitlich befristetes Engagement wertgeschätzt wird?

Partizipation und Selbstorganisation

Partizipation und Selbstorganisation: Dass Jugendarbeit von jungen Menschen »mitbestimmt und mitgestaltet« werden soll, ist ein Kernanliegen von § 11 SGB VIII. Es genügt jedoch nicht, die Jüngeren im Verein darauf hinzuweisen, dass sie die vorhandenen Gremien und Strukturen füllen mögen. Partizipation darf auch bedeuten, dass die Strukturen infrage gestellt und umgebaut werden. Echte Mitbestimmung braucht gestaltbare Freiräume für Engagierte, aber auch für die Nutzer*innen der Angebote (vgl. Straßburger/Rieger 2019).

Wo benötigen unsere Jugendarbeitsstrukturen einen Aufbruch? Wo haben junge Menschen die Möglichkeit, Jugendverband und Kirchenformen gemäß dem reformatorischen Anliegen einer beweglich bleibenden Kirche (»ecclesia semper reformanda«) tatsächlich zu verändern?

Gruppenorientierung

Gruppenorientierung: In empirischen Untersuchungen nennen Jugendliche häufig das Stichwort »Gemeinschaft«, wenn sie danach gefragt werden, was sie in der Jugendarbeit besonders fasziniert (vgl. beispielsweise die große aej-Studie: Fauser u.a. 2006). Dass sich in der Gemeinschaft einer Gruppe ein »Wir-Gefühl« ausbreitet, kann durch die Verantwortlichen nur bedingt hervorgebracht werden. Inhaltliche Anstöße und gemeinsame Erfahrungsräume bieten jedoch einen fruchtbaren Boden für ein gutes Miteinander der Gruppe. Dazu gehört auch das richtige Maß an Herausforderung für die jeweilige Gruppenphase.

Inwiefern wird in unserer Jugendarbeit erlebbar, dass sie ein Stück »Gemeinschaft der Heiligen« ist? Wird das biblische Bild vom Leib mit den unterschiedlichen Gliedern so umgesetzt, dass Einzelne sich mit ihrem jeweiligen Beitrag willkommen und gebraucht wissen?

Lebenswelt- und Sozialraumorientierung

Lebenswelt- und Sozialraumorientierung: Thematischer Ausgangspunkt in der Jugendarbeit ist die Lebensrealität, die junge Menschen einbringen. Jugendarbeit kann daher nur gelingen, wenn Hauptamtliche sich Zeit nehmen, die konkrete Lebenswelt vor Ort kennenzulernen. Dazu gehören eine Sozialraumanalyse und die Kontaktaufnahme mit relevanten anderen Institutionen wie Schule, Sportverein oder Jugendamt (vgl. Kapitel 5.3). Zudem sind Jugendliche als Expert*innen ihrer Lebenswelt ernst zu nehmen.

*Wo taucht die konkrete Lebensrealität junger Menschen in der kirchlichen Arbeit auf, beispielsweise in der Themensetzung von Jugendgottesdiensten? Bei welchen Themenfeldern benötigen wir als kirchliche Akteur*innen Beratung und Unterstützung von außen für besondere Herausforderungen des Jugendalters? Welche Expertise, beispielsweise zu einem gelingenden interreligiösen Miteinander, können wir in die Gemeinwesenarbeit einbringen?*

Werteorientierung

Werteorientierung: Die subsidiäre Verfasstheit der Jugendhilfe erkennt in einer pluralen Trägerlandschaft einen gesellschaftlichen Gewinn. Konfessionelle Träger wie die evangelische Kirche sind dabei gefordert, ihr Profil selbstbewusst und verständlich darzustellen. Zugleich soll dieses Profil auch die Anknüpfungs- und Verständigungsmöglichkeiten zu anderen Grundorientierungen ermöglichen. Ausgehend von der Idee des Beziehungsraums kann die evangelische Jugendarbeit die Auseinandersetzung mit Lebensfragen beispielsweise dadurch fördern, dass sie orientierende Begegnungen mit Menschen aus Kirche und Gemeinwesen anbahnt.

Wo wird unser evangelisches Profil einladend und verständlich erkennbar? Inwiefern engagieren wir uns auch außerhalb des kirchlichen Rahmens für ein diakonisches oder soziales Anliegen? Welche Verantwortung nehmen wir als Verband aus evangelischer Überzeugung heraus im jugendpolitischen Bereich als Interessensvertretung für junge Menschen gemäß § 12 SGB VIII wahr?

3.5 Demokratiebildung und Gemeinwesenorientierung

Werkstätten der Demokratie

Aus gutem Grund werden Jugendverbände zuweilen als Werkstätten der Demokratie bezeichnet. Damit verbindet sich ein Verständnis politischer Bildung, das vor allem die Einübung in demokratisches Handeln als wichtige Voraussetzung für politisches Engagement betrachtet. Der im Jahr 2020 erschienene 16. Kinder- und Jugendbericht der Bundesregierung mit dem Schwerpunktthema »politische Bildung« widmet der Kinder- und Jugendarbeit das umfangreichste Kapitel aller dargestellten Lebensräume. Unter politischer Bildung wird schon längst nicht mehr eine Art »erweiterter Politikunterricht« verstanden. Vielmehr geht es um Aneignungsprozesse politischer Selbstbildung, wenn junge Menschen sich in ihren verschiedenen Lebensräumen aktiv einbringen und dadurch das Gemeinwesen mitgestalten. Der Kinder- und Jugendbericht spricht im Blick auf die Jugendarbeit von *»demokratisch bildenden Situationen«* (BMFSFJ 2020, 59): Wenn das ehrenamtliche Team einer Kinderbibelwoche beispielsweise diskutiert, ob für das Mittagessen Biogemüse eingekauft werden soll und damit der Teilnahmepreis erhöht werden muss, bilden sich wichtige Erfahrungen im Blick auf wertebezogene Güterabwägungen und gemeinsam getroffene Entscheidungen – Demokratiebildung eben! Werden solche Erfahrungen reflektiert und ausdrücklich mit politischen Entscheidungen verbunden, beispielsweise mit Debatten über Klimawandel und Wirtschaftspolitik, erleben Jugendliche auch die »große Politik« zum Anfassen nah.

> Demokratie in der Jugendarbeit ist eher gelebte Erfahrung als Bildungsinhalt.

Wer demokratisch bilden will, sollte Räume schaffen, in denen Jugendliche mit den von ihnen gesetzten Themensetzungen ernst genommen werden. Die Bewegung *Fridays for Future* hat es neu ins öffentliche Bewusstsein gerückt: Viele Themen, die junge Menschen bewegen, haben eng mit politischen Fragen zu tun. Klimawandel, Globalisierung, Migration – all das sind Stichworte, zu denen junge Menschen viel zu sagen haben, zu denen sie aber nicht immer Gehör finden. Zur Aufgabe von Jugendverbänden gehört es daher, die Interessen aller jungen Menschen im öffentlichen Raum zu vertreten und jungen Menschen eine Plattform in der »Erwachsenenwelt« zu verschaffen, sei es in der jährlichen Zusammenkunft der örtlichen Vereine, im Jugendhilfeausschuss oder in Gesprächen mit politischen Mandatsträger*innen. Mit der zunehmenden Einführung von Jugendgemeinderäten und anderen Formen der Jugendpartizipation im kommunalen Raum gibt es im säkularen Bereich potenzielle Partner*innen, mit denen gemeinsame Jugendbeteiligungsformate (Hearings, Zukunftswerkstätten, Jugendwahlen) entwickelt werden können. Auch der Erfahrungsaustausch mit anderen Vereinen oder in den Jugendringen empfiehlt sich. Evangelische Jugendarbeit gehört zwar zur kirchlichen Arbeit, wendet sich von ihrem Selbstverständnis her aber an alle Jugendlichen und setzt sich für die Gesellschaft insgesamt ein. Gemeinwesenorientierte Angebote, wie sie in § 11 SGB VIII benannt werden (vgl. Kapitel 3.2), gehören zum Selbstverständnis evangelischer Jugendarbeit, weil diese der Mitgestaltung jugendlicher Lebenswelten aus einer evangelischen Perspektive dient.

Interessenvertretung für Jugendthemen

Beutelsbacher Konsens

Die Prinzipien des Beutelsbacher Konsenses, einer Vereinbarung zu Grundsätzen der Bildungsarbeit, wurden in den letzten Jahren nicht nur in der politischen Bildung »wiederentdeckt«, sie können auch auf die Frage übertragen werden, wie eine evangelisch-positionelle Jugendarbeit im Kontext weltanschaulicher Pluralität gestaltet werden kann. In der Bildung darf (und muss) die Position der Leitenden sichtbar werden, solange zentrale Grundsätze gewahrt sind: Diese Prinzipien beinhalten das *Überwältigungsverbot* (keine Indoktrination), das *Kontroversitätsgebot* (strittige Themen in einer Vielfalt von Positionen darstellen) und den *Befähigungsauftrag* (Jugendliche sollen sich eine eigene Meinung bilden; vgl. zum Beutelsbacher Konsens: BMFSFJ 2020, 120–121). Diese Stoßrichtung wird auch in der EKD-Schrift zur demokratiebezogenen Bildung aufgenommen:

> »Demokratiebezogene Bildung braucht vielfältige Entfaltungsmöglichkeiten, Freiräume und Experimentierwerkstätten. Sie ist auf Ermutigung und Vertrauen angewiesen. […] Die kirchliche Jugendarbeit sieht sich selbst als ›Experimentierfeld‹ gesellschaftlicher Teilhabe« (EKD 2020a, 20, 27).

Anders als im schulischen Kontext, in dem Schüler*innen de facto bei wichtigen Angelegenheiten kaum ein Mitspracherecht besitzen, machen Jugendliche in der Jugendarbeit die wichtige Erfahrung der Selbstwirksamkeit: Sie können etwas bewegen, ihre Stimme zählt. Gut ist es daher, wenn die gemeinsamen Entscheidungsprozesse im Jugendausschuss so gestaltet werden, dass Mitgestaltung ermöglicht wird und die konkreten Formen zugleich Spaß machen. Arbeitsintensive Gremiensitzungen werden dabei nicht überflüssig, aber sie können mit kreativen Methoden aufgelockert werden. Ein Schreibgespräch auf einem Plakat, eine Blitzlichtrunde zur Meinungsbildung, die Überraschungspause mit Eisbecher: Schon kleine Akzente können dafür sorgen, dass eine Sitzung nicht nur als lästige Pflicht erlebt wird. Die wertvolle Tradition einer Andacht zum Sitzungsbeginn bietet Raum für den Bezug auf Ursprung und Ziel der Arbeit – und kann hin und wieder einen methodischen Gegenakzent zur Wortlastigkeit der Sitzung bieten (Musik, Stille, meditativer Spaziergang). Ratsam ist, dass Gremien im Jugendarbeitskontext auch Raum für die Gruppe und deren Beziehungen untereinander lassen. Dazu können bewusste Phasen für den persönlichen Austausch gehören, in denen eine motivierende Atmosphäre des Miteinanders entsteht. Eine schöne Idee ist beispielsweise der Einstieg mit einer vom Sachthema völlig unabhängigen *Check-in question* wie »Was ich am besten kochen kann«. In wenigen Minuten ergibt sich reihum ein Austausch, der garantiert nichts mit der Tagesordnung zu tun hat, aber Spaß macht und dafür sorgt, dass zu Beginn der Sitzung alle schon einmal zu Wort kamen. Demokratie wächst am besten in einem kultivierten Beziehungsraum, denn »Diskursivität verlangt nach Beziehungen« (Schwerthelm/Sturzenhecker 2016).

Selbstwirksamkeit

Beziehungsaspekte in Gremien

3.6 Genderthemen

Die Debatten rund um Genderthemen spielen auch in der Jugendarbeit eine Rolle – in der Vehemenz unterschiedlicher Positionen, die mit dieser Thematik verbunden ist. Anhand der Veränderung gesetzlicher Regelungen ist abzulesen, wie sehr sich gesellschaftliche Haltungen in diesem Bereich verändert haben. Zwischen der endgültigen Abschaffung des § 175 StGB, der die Homosexualität erst 1995 gänzlich entkriminalisierte, und der Einführung der »Ehe für alle« im Jahr 2017 lag gerade mal eine Generation. Im Jahr 2018 wurde mit der Einführung einer »Dritten

Option« im Personenstandsrecht zudem die binäre Logik eines weiblichen und eines männlichen Geschlechts um die Option »divers« für solche Personen erweitert, die biologisch nicht eindeutig zu einem der beiden anderen Geschlechter gehören (intergeschlechtliche Menschen).

Gender-Mainstreaming

Parallel zu diesen juristischen Veränderungen spiegeln sich gesellschaftliche Entwicklungen auch in pädagogischen Leitideen. Mit dem Paradigma des Gender-Mainstreaming wird das Ziel verfolgt, Genderthemen als Querschnittsaufgabe zu verankern. Der Begriff »Gender« kennzeichnet das soziale Geschlecht, das nicht notwendigerweise mit dem biologischen Geschlecht übereinstimmen muss. Vielfältige Ansätze in der Jugendarbeit wurden in den letzten Jahren entwickelt, um auch solche Jugendlichen zu erreichen, die aus der früher üblichen Norm herausfallen. Als Sammelbegriff für Menschen, die sich nicht der klassischen heteronormativen Logik zuordnen, sind Akronyme wie LSBTIQ (für lesbisch, schwul, bisexuell, transgender, intersexuell und queer), LGBT oder ähnliche gebräuchlich.

Im Bereich der Jugendarbeit stellt die Sexualpädagogik ein wichtiges Querschnittsthema dar. Das in § 9 SGB VIII formulierte Ziel, in der Jugendhilfe die Gleichberechtigung von Mädchen und Jungen zu fördern, kann sinngemäß auch auf eine Gleichberechtigung der ganzen Vielfalt sexueller Orientierungen erweitert werden. Zugleich weist derselbe Paragraf darauf hin, dass die »von den Personensorgeberechtigten bestimmte Grundrichtung der Erziehung« zu beachten ist. Da in den Familien eine große Bandbreite des Umgangs mit Fragen der Sexualität und Partnerschaft vorliegt, stehen sexualpädagogische Anliegen in der Jugendarbeit grundsätzlich in einer Spannung. Auch hier gilt – wie bei religiösen oder politischen Themen –, dass die Überzeugung der Mitarbeitenden nicht zum Maßstab der Pädagogik gemacht werden darf. Eine wichtige Zielsetzung ist es, im Sinne des oben genannten Beutelsbacher Konsenses Jugendliche zu einer offenen Debatte einzuladen, bei der unterschiedliche Positionen zu Wort kommen und ein eigener Standpunkt entwickelt wird. Sexualpädagogik darf sich nicht von der Logik einer »Gefahrenabwehrpädagogik« leiten lassen, sondern begleitet junge Menschen achtsam, respektvoll und auf der Grundlage einer Kultur der Vielfalt. Konkrete Angebote der Jugendarbeit können beispielsweise in der Begleitung von Coming-out-Gruppen oder im Angebot eines Queer-Cafés liegen (vgl. Bauer 2020).

Kultur der Vielfalt

Trotz der neuen Aufmerksamkeit für Jugendliche außerhalb der binären Logik darf nicht übersehen werden, dass auch weiterhin die klassischen Themen und Arbeitsformen der Mädchen- und Jungenarbeit für Jugendliche notwendig und sinnvoll sind. Auch wenn geschlechtergetrennte Gruppen mittlerweile fast nur noch in den jüngeren Altersbereichen sowie bei Sportangeboten zu finden sind, empfiehlt es sich, auch bei Jugendlichen beispielsweise im Rahmen einer Wochenendfreizeit hin und wieder getrennte Gesprächsrunden unter Mädchen mit ihren Mitarbeiterinnen bzw. Jungen und deren Mitarbeitern anzubieten. Im Blick auf geschlechtsspezifische Themen wird durch solche monoedukativen Runden ein geschützter Beziehungsraum geschaffen, in dem vertrauliche Gespräche oft einfacher möglich sind. Zur Sensibilisierung hinsichtlich der Geschlechterrollenklischees können bewusst Gegenakzente gesetzt werden: Die Mädchen holen Holz im Wald und bereiten das Lagerfeuer vor, während die Jungen Salat schnippeln und den Tisch decken. In der Beschäftigung mit biblischen Texten kann die »Bibel in gerechter Sprache« dazu anstoßen, über ein männlich bzw. weiblich geprägtes Gottesbild, über die Rolle von Frauen und Männern in der Kirche und über die biblische Idee der Überwindung von Konflikten zwischen rivalisierenden Gruppen (Gal 3,28) nachzudenken.

monoedukative Gruppenphasen

Dort, wo sich im Blick auf Genderfragen kontroverse Lager gegenüberstehen, die sich gegenseitig beispielsweise »Heteronormativität« oder »Genderwahn« an den Kopf werfen, kann eine Übung zur Horizonterweiterung dienen: Bei einem gemeinsamen Besuch des nächsten Kirchentags besucht jedes Gruppenmitglied bewusst eine Veranstaltung, die eine ganz andere Auffassung in der Genderdebatte als die vertritt, der man selbst anhängt. Die Aufgabe lautet, beim abendlichen Ausklang gegenseitig von jeweils drei positiven Erkenntnissen zu berichten. So gelingt Perspektivenübernahme und Pluralitätskompetenz auch in einem oftmals dogmatisch diskutierten Feld. Und im besten Fall wird den Beteiligten dabei bewusst, dass Konflikte, die sich durch die Heterogenität im menschlichen Zusammenleben auch in ganz anderen Bereichen ergeben, nur mit einer Grundhaltung von Interesse, Solidarität und Nächstenliebe gelöst werden können.

3.7 Inklusion

Die Grundidee einer inklusiven Gesellschaft kann in der jüdisch-christlichen Tradition bereits vom ersten Schöpfungsbericht her begründet werden. Die Schöpfung erweist sich gerade in ihrer Vielfalt als gut. Der

Mensch ist – als Mann und als Frau, aber auch hinsichtlich anderer Differenzlinien – das Ebenbild Gottes (Gen 1,27), und zwar auch mit seinen Schwächen. Ob Sara, David oder Petrus: Viele Protagonist*innen der Bibel entsprechen nicht dem illusorischen Idealbild eines makellosen Menschen. Ihnen gilt, was Paulus im Blick auf seinen eigenen »Pfahl im Fleisch« als Zusage Gottes beschreibt: »Lass dir an meiner Gnade genügen; denn meine Kraft vollendet sich in der Schwachheit.« (2. Kor 12,9)

> Der Normalzustand des Menschen ist also nicht die Vollkommenheit; vielmehr ist es normal, verschieden zu sein (EKD 2014).

UN-Behindertenrechtskonvention

Mit der UN-Behindertenrechtskonvention von 2006 (UN-BRK, Volltext: Vereinte Nationen 2008) erhielten die Inklusionsbemühungen eine juristische Grundlage und wichtige Impulse, die sich auch für die Jugendarbeit aufnehmen lassen. Die Forderungen der UN-BRK lassen sich in drei Zielen zusammenfassen. Menschen mit Behinderungen sollen …
… in allen Lebensbereichen einbezogen werden (Inklusion).
… an allen relevanten Prozessen und Entscheidungen beteiligt werden (Partizipation).
… in einer Umwelt leben, die für das Leben in Vielfalt, auch mit Beeinträchtigungen, sensibilisiert ist (gesellschaftliche Lernprozesse).

Alle drei Ziele sind eng miteinander verwoben, wobei die Inklusion als Voraussetzung auch für die beiden anderen Bereiche angesehen werden kann und sich daher als Leitbegriff etabliert hat. Insgesamt geht es um einen Perspektivenwechsel: War bei der Idee der Integration die Vorstellung leitend, dass Menschen mit einer Behinderung fit für das »normale« Setting gemacht werden sollten, betont der Inklusionsgedanke, dass sich die Strukturen so ändern müssen, dass sie auch für Menschen mit Behinderung passen. Für die Jugendarbeit ist das Ziel der Inklusion mit einem Umdenken und konkreten Veränderungen an verschiedenen Stellen verbunden, was beispielsweise in einem speziell für die Jugendarbeit erstellten »Index für Inklusion« konkretisiert wird (www.inklumat.de, vgl. Meyer 2020).

Geht man von der Jugendarbeit als Beziehungsraum aus, eignet sie sich in hervorragender Weise für inklusive Ansätze, denn die Fokussierung auf Beziehungen hat immer Einzelne und deren spezifische Bedürfnisse im Blick. Anders als in vielen leistungsorientierten Bereichen der Gesellschaft bietet die Jugendarbeit einen grundsätzlich offenen Gestaltungsrahmen, in dem Inklusion mit Gelassenheit und Kreativität umgesetzt werden kann.

In vereinzelten Studien zur Umsetzung von Inklusion in der evangelischen Arbeit mit Kindern und Jugendlichen zeigt sich, dass insbesondere Freizeiten, offene Angebote sowie die Konfi-Arbeit über einen verhältnismäßig hohen Anteil inklusiver Angebote verfügen. Deutlich geringer ausgeprägt ist diese Quote dagegen in Sportgruppen, Mitarbeitendenkreisen und der musikalischen Arbeit (Lehmann/Lehmann 2014). Viele Engagierte in der evangelischen Jugendarbeit würden Inklusion grundsätzlich gern stärker umsetzen. Am guten Willen oder der grundsätzlichen Haltung fehlt es zumeist nicht. Dennoch stellen sich bei der konkreten Umsetzung Fragen, die nicht einfach zu beantworten sind: Kann Inklusion von Ehrenamtlichen fachgerecht umgesetzt werden oder ist das nur eine Sache für Profis? Wie kann gewährleistet werden, dass die Begegnungen von Jugendlichen mit und ohne Behinderung möglichst unkompliziert und natürlich erfolgen? Haben die beteiligten Jugendlichen (mit und ohne Behinderung) tatsächlich Interesse an gemeinsamen Aktivitäten? Gibt es Grenzen der Inklusion?

Beispiel Jugendfreizeit

Am Beispiel einer Jugendfreizeit soll exemplarisch aufgezeigt werden, wie einfach der Weg zu einer verbesserten Inklusion eingeschlagen werden kann. Viele der folgenden Anregungen beruhen auf der Broschüre »Geht doch!« der Arbeitsgemeinschaft der Evangelischen Jugend in Deutschland (aej 2020).

- Eine inklusive Haltung beginnt mit der Öffentlichkeitsarbeit. In der Ausschreibung einer Freizeit kann ein Hinweis auf die grundsätzliche Offenheit für Jugendliche mit besonderen Anforderungen genannt werden: »Auch mit Handicaps ist eine Teilnahme zumeist möglich. Telefonisch beraten wir gern, welche Möglichkeiten für Jugendliche mit Beeinträchtigungen bestehen.« Zudem sollte auch in den Werbefotos signalisiert werden, dass Jugendliche mit Rollstuhl oder sichtbaren Einschränkungen in der Konzeption mitgedacht werden.
- Wer junge Menschen mit Behinderungen gezielt einladen möchte, findet bei Trägern wie der Lebenshilfe oder diakonischen Einrichtungen Kontakt zu entsprechenden Familien, aber auch zu potenziellen Ehrenamtlichen. Einladungen können gezielt auch an Förderschulen weitergegeben werden. Der Kontakt mit einem konkreten Jugendlichen mit Behinderung erschließt zumeist viel einfacher den Zugang zu den entsprechenden Familien, weil diese oft untereinander gut vernetzt sind. Solche direkten Beziehungen bewirken meist mehr als

eine großflächige Flyer-Verteilung – wie immer gilt, dass Papier ein schlechter Wärmeleiter ist.

Finanzielle Unterstützung

- Finanzielle Unterstützung für inklusive Projekte gibt es über Landesjugendplanmittel oder kommunale Zuschüsse. Zudem haben die Familien über die sogenannte Verhinderungspflege Möglichkeiten, Kosten für die Assistenz bei Freizeiten abzurechnen.
- Im Blick auf Menschen mit körperlichen Handicaps muss bei der Auswahl der Unterkunft oder der Verkehrsmittel daran gedacht werden, möglichst barrierefreie Rahmenbedingungen zu schaffen. Dies gilt natürlich auch hinsichtlich der eigenen Gemeindehäuser oder Freizeitheime: Ein Zugang, der ausschließlich über eine Treppe zu erreichen ist, spricht lauter als wohlklingende Positionspapiere.
- Im Vorfeld empfiehlt es sich, dass eine Person aus dem Leitungsteam direkten Kontakt zu den Teilnehmenden mit Behinderung oder zu deren Eltern aufnimmt. Fragen wie Medikamentengabe, Unterstützungsbedarfe sowie konkrete Klärungen rund um Körperhygiene, Toilettengang, Nachtruhe oder Verhaltensauffälligkeiten helfen, Sicherheit zu gewinnen.
- Beim Programm sollte darauf geachtet werden, dass sich alle Teilnehmenden bei möglichst vielen Aktivitäten beteiligen können. Zugleich ist aber auch ein entspannter Umgang mit »exklusiven« Programmpunkten sinnvoll. Die Teilnehmenden im Rollstuhl können in der Regel gut damit umgehen, dass einige Freizeitteilnehmende eine Höhlentour absolvieren, während sie etwas anderes unternehmen. Das gesamte Programm an den Einschränkungen einzelner Jugendlicher auszurichten wäre unangemessen – viel besser sind transparente Absprachen und die Akzeptanz, dass nicht immer alles Wünschenswerte leistbar ist.

inklusive geistliche Angebote

- Weil Inklusion ein zutiefst christliches Anliegen ist, sollten gerade die geistlichen Angebote inklusiv gestaltet werden. Wenn Andachten und Gottesdienste neben dem gesprochenen Wort auch Erlebnisse, Spiele, Kunst und Musik einbinden, profitieren davon nicht nur Jugendliche mit geistiger Behinderung, sondern zumeist alle.
- Wird Inklusion in einem weiten Sinn verstanden, kann in vielen Details dafür gesorgt werden, dass wirklich alle einbezogen werden. So entlastet es Jugendliche mit geringeren Deutschkenntnissen, wenn die Regeln beim Beachvolleyball nicht wortreich erklärt, sondern das Spiel direkt auf dem Feld gezeigt wird, sodass man sich die Regeln durch Zuschauen erschließen kann.

- Maßnahmen wie eine Freizeit bieten sich dafür an, Jugendliche für das Thema »Behinderung« zu sensibilisieren – unabhängig davon, ob es sich um eine inklusive Freizeit handelt oder nicht. Bekannte Simulationsübungen wie das »Dunkel-Restaurant« (eine Mahlzeit in einem komplett abgedunkelten Raum) oder ein Rollstuhlparcours vermitteln ein Gefühl für die besonderen Herausforderungen blinder oder gehbehinderter Menschen. Materialien oder Medienkoffer zum Thema »Inklusion« für die Durchführung solcher Aktionen können vielerorts ausgeliehen werden.
- Erfahrungsgemäß entwickelt sich aus kleinen Anfängen der Inklusion über die Jahre hinweg eine inklusive Grundhaltung, die auf andere Angebotsformen der Jugendarbeit ausstrahlt. Dies kann gezielt gefördert werden, indem Menschen mit Beeinträchtigungen auch als Mitarbeitende und Gremienmitglieder in die Strukturen eingebunden sind.

Am besten gelingt das Anliegen der Inklusion, wenn an einem konkreten Punkt gestartet und dann immer wieder etwas Neues ausprobiert wird – gelassen, ehrlich, humorvoll und getragen von der Einsicht, dass vor Gott jeder Mensch ein Original mit eigenen Chancen und Grenzen ist. Wenn dieser Perspektivenwechsel in der Begegnung von Menschen mit und ohne Behinderungen gelingt (enger Inklusionsbegriff), lässt er sich auch auf das Miteinander von Menschen entlang anderer Differenzlinien wie Geschlecht, Herkunft oder Kultur übertragen (weiter Inklusionsbegriff). Gerade die kulturelle Vielfalt kann ganz neu als Reichtum entdeckt werden, wie das folgende Kapitel zeigt.

enger und weiter Inklusionsbegriff

3.8 Jugendliche in der Migrationsgesellschaft

In einer Hinsicht unterscheiden sich die jüngeren Generationen in Deutschland deutlich von der Gesamtbevölkerung: Der Anteil von Menschen mit Migrationshintergrund ist dort besonders hoch. Etwa 40 % der unter 15-Jährigen haben einen Migrationshintergrund, was bedeutet, dass sie selbst oder mindestens ein Elternteil die deutsche Staatsangehörigkeit nicht durch Geburt besitzen (Statistisches Bundesamt 2020, 37). Während in Schulen, Sportvereinen und anderen gesellschaftlichen Bereichen das Miteinander von Menschen mit und ohne deutsche Wurzeln mittlerweile etabliert ist, finden sich in evangelischen Kirchengemeinden und der evangelischen Jugendarbeit vielerorts noch Gruppen, in denen niemand einen Migrationshintergrund hat. Dafür gibt es historische Gründe: Die wichtigsten Einwanderungsländer wie die Türkei und Italien (oder auch Polen und Vietnam für das Gebiet der ehemaligen DDR) haben kaum evangelische Bevölkerungsanteile, sodass die evangelischen Kirchengemeinden vom sogenannten »Gastarbeiter«-Zuzug der 1960er-Jahre aus anderen Ländern nicht profitierten. Eine nennenswerte Anzahl von Evangelischen kam Anfang der 1990er-Jahre insbesondere im Kontext der Migration aus Osteuropa und Russland nach Deutschland, allerdings blieb die Gruppe sogenannter (Spät-)Aussiedler*innen in den deutschen Kirchengemeinden mancherorts eher unter sich. Größere Anteile von Jugendlichen mit Migrationshintergrund sind vor allem in solchen Formen der Jugendarbeit zu finden, die sich bewusst auch an Nicht-Evangelische wenden, beispielsweise in offenen Jugendhäusern oder der schulbezogenen Jugendarbeit.

Verdeutlicht man sich die Realität der Migrationsgesellschaft insbesondere im Bereich junger Menschen, kann es gesellschaftlich nicht mehr um die lange Zeit herrschende Vorstellung gehen, dass sich die Jugendlichen mit Migrationshintergrund in die deutsche Mehrheitsgesellschaft integrieren müssen. Vielmehr beinhaltet die multiethnische, multikulturelle und multireligiöse Situation für alle Jugendlichen vielfältige Chancen und Herausforderungen. Für die Jugendarbeit ergibt sich daraus eine doppelte Aufgabe: Einerseits sind Jugendliche mit Migrationshintergrund stärker als Zielgruppe wahrzunehmen. Andererseits bedarf es einer verstärkten Sensibilisierung und Öffnung für die Thematik auch in der traditionellen evangelischen Jugendarbeit. Beide Aspekte sollen im Folgenden näher betrachtet werden.

Migrationserfahrung und Migrationshintergrund

Junge Menschen mit Migrationshintergrund stellen eine höchst uneinheitliche Gruppe dar: Darunter fallen solche, die eigene *Migrationserfahrung* mitbringen, also im Ausland geboren sind. Zu dieser Teilgruppe gehören auch junge, zum Teil unbegleitet eingereiste Geflüchtete, die ganz besonderen Herausforderungen im Blick auf Sprache und Integration begegnen. Die Mehrzahl der jungen Menschen mit *Migrationshintergrund* sind jedoch in Deutschland geboren und besitzen die deutsche Staatsbürgerschaft. Viele von ihnen sprechen akzentfrei deutsch (beziehungsweise hessisch, bayerisch oder sächsisch). Oftmals werden sie durch ihr Aussehen, ihren Namen oder kulturelle Eigenheiten jedoch als »anders« erkannt, was beispielsweise an der von Mitschüler*innen gestellten Frage »Wo kommst du her?« oder rassistischen Sprüchen spürbar wird. Für die

Jugendlichen sind die sprachlichen und kulturellen Mehrfachidentitäten selbstverständlich, mit denen sie aufgewachsen sind. Sie müssen sich aber ihre Zugehörigkeit zur Mehrheitsgesellschaft immer wieder erkämpfen, erleben Vorurteile und stereotype Zuschreibungen von Eigenschaften. So kann es zur Erfahrung der doppelten Fremdheit kommen: Dem Herkunftsland der Eltern fühlt man sich nicht verbunden, da man es nur von Urlaubsreisen kennt, und in Deutschland gilt man als Migrant, der trotz deutschem Pass als »Russe« oder »Türke« bezeichnet wird (vgl. Han-Broich/Born 2018; Dümling 2018). In der Jugendarbeit gilt es, solche Jugendliche nicht nur willkommen zu heißen, sondern bewusst an deren Ressourcen anzusetzen. Dass es in einer globalisierten Welt von Vorteil sein kann, beispielsweise neben deutsch auch russisch zu verstehen, wird bislang viel zu selten als großes Potenzial anerkannt.

doppelte Fremdheit

Wird die Migrationsgesellschaft als Rahmenbedingung des Aufwachsens in Deutschland ernst genommen, verbinden sich damit auch Aufgaben für die traditionelle evangelische Jugendarbeit. Teilnehmende ohne Migrationshintergrund können daran erinnert werden, dass der christliche Glaube nicht etwa in Deutschland entstand, sondern im Judentum des Nahen Ostens, und von seinem Ursprung her immer schon mit einer globalen Perspektive verbunden ist. Ein Verständnis für den weltweiten Horizont des Christentums, die Ökumene, kann beispielsweise durch Jugendbegegnungen mit Jugendlichen aus anderen Ländern entstehen, sei es bei einem finnisch-deutschen Konfi-Projekt, bei einem multinationalen Workcamp in Rumänien oder bei einer deutsch-israelischen Begegnung, in der bewusst das Miteinander junger Menschen mit unterschiedlichen Religionszugehörigkeiten eingeübt wird (vgl. Kapitel 4.5).

Auch innerhalb von Deutschland bieten sich Möglichkeiten für multikulturelle Perspektiven auf den christlichen Glauben, die bislang von Jugendarbeitsverantwortlichen kaum genutzt werden. Während die Zahl der Kirchengemeinden in den beiden großen Kirchen kontinuierlich sinkt, gibt es einen Bereich christlicher Gemeinden, der in den letzten Jahren eher unmerklich wächst. Es handelt sich um die sogenannten internationalen Gemeinden, die zum Teil auch als »Migrationskirchen« oder »Gemeinden anderer Sprache und Herkunft« bezeichnet werden. Hierzu gehören beispielsweise katholische »muttersprachliche Missionen« für portugiesische oder spanische Katholik*innen, skandinavische Diasporagemeinden, die durch Geistliche des Heimatlandes betreut werden, russlanddeutsche Baptisten-Gemeinden, orthodoxe Kirchen oder freikirchliche afrikanische Gemeinden. Die Jugendarbeit in solchen Ge-

internationale Gemeinden

meinden stellt sich sehr unterschiedlich dar. In manchen internationalen Gemeinden gibt es keinerlei Jugendarbeit, weil die Erwachsenen eher die Traditionen bewahren möchten, während die Jüngeren von ihrer doppelten Identität geprägt sind und wenig Interesse zeigen, »unter sich« zu bleiben. Andere Gemeinden betreiben eine Art Sonntagsschule, auch als Sprachunterricht in der »Heimatsprache«. Daneben haben sich in den letzten Jahren im Kontext internationaler Gemeinden allerdings einige Formen der Jugendarbeit etabliert, die Aspekte jugendverbandlicher Arbeit umsetzen. Mit der Aufnahme der evangelisch-vietnamesischen Tin-Lanh Gemeinden als außerordentliches Mitglied in der Arbeitsgemeinschaft der Evangelischen Jugend in Deutschland (aej) wurde im Herbst 2020 eine beispielhafte Kooperation auf Bundesebene begonnen, die sich auch in lokalen Kontexten auswirken könnte. Gerade im strukturellen Bereich scheitert die Kooperation mit internationalen Gemeinden derzeit oft noch daran, dass deren Organisationsformen nicht in die Raster der deutschen (Kirchen-)Bürokratie passen. So lässt die Satzung der örtlichen Arbeitsgemeinschaften Christlicher Kirchen (ACK) zumeist die Mitarbeit einzelner Gemeinden nicht zu, wenn diese nicht Teil einer etablierten Kirche sind, wodurch viele internationale Gemeinden von einer ACK-Mitarbeit ausgeschlossen bleiben (Dümling 2018).

In der Praxis zeigt sich, dass interkulturelle Öffnung in der Jugendarbeit schon im Kleinen beginnen kann. Die Hemmungen, etwas falsch zu machen, führen manchmal dazu, dass viel problematisiert, aber wenig umgesetzt wird. Aus konkreten ersten Projekten kann dagegen eine interkulturelle Öffnung entstehen, die wie von selbst zu weiteren Schritten ermutigt. Einige leicht umzusetzende Beispiele für Maßnahmen der interkulturellen Öffnung werden im Folgenden exemplarisch beschrieben.

interkulturelle Öffnung

- Fast überall gibt es junge Menschen aus anderen Ländern, die sich im Rahmen eines Au-pair-Jahres oder eines internationalen Freiwilligendienstes für begrenzte Zeit in Deutschland aufhalten (»incomings«). Sie haben hohes Interesse, Anschluss an deutsche Jugendgruppen zu finden. Über Deutschkurse der Volkshochschulen oder Vermittlungsorganisationen lässt sich der Kontakt leicht herstellen und die Einladung zur örtlichen Jugendarbeit aussprechen.
- Gemeinsame Gottesdienste, in denen der internationale Hintergrund von Menschen eine Rolle spielt, können Einblicke in die weltweite Christenheit ermöglichen. Mit Musik, Bildern oder ungewohnten Elementen (Tanz, Ikonen …) lässt sich die Vielfalt von Kulturen erleben –

am besten mit einem anschließenden gemeinsamen Essen internationaler Spezialitäten.

- Internationale Gemeinden sind oft weit entfernt von den finanziellen Vorzügen deutscher Kirchengemeinden, insbesondere verfügen sie zumeist nicht über Gebäude. Das Gemeindehaus oder CVJM-Vereinsheim für solche Gottesdienste bereitzustellen, kann ein einfacher und sehr wirksamer Schritt zu einem guten Miteinander sein.
- Im interreligiösen Dialog sind auf muslimischer Seite zumeist Menschen mit Migrationsgeschichte involviert. Ergänzend zu den oft eher theoretischen Vortragsabenden eines christlich-islamischen Forums kann die evangelische Jugendarbeit konkrete Begegnungen mit Jugendgruppen einer Moscheegemeinde oder eines islamischen Jugendverbands arrangieren. Dazu bietet sich nicht zuletzt der bundesweite Tag der Offenen Moschee am 3. Oktober an.
- In der Arbeit mit jungen Geflüchteten können Begegnungen zwischen deutschen und ausländischen Jugendlichen entstehen. Für viele Kinder aus Flüchtlingsfamilien stellen die Ferien eine besonders triste Zeit dar. Freizeiten der evangelischen Jugendarbeit werden dankend angenommen, wenn sie kultur- und religionssensibel angelegt sind. Sport bietet sich als Medium in der sonst oft sprachlastigen Jugendarbeit besonders an. Wer in intensiveren Kontakt zu Jugendlichen mit eigener Fluchtgeschichte kommt, wird rasch bemerken, dass bestimmte Bildungsangebote hilfreich sein können, an die man hierzulande zunächst gar nicht denken würde. So ist es beispielsweise in Syrien nicht unbedingt üblich, dass junge Menschen schwimmen oder Fahrrad fahren können – statt einer gemeinsamen Fahrradtour erweist sich ein Workshop »Fahrradfahren lernen« als ein praktisches Angebot.
- Erfahrungen aus gelungenen Kooperationen zeigen, dass das Verständnis dort besonders stark wächst, wo sich Jugendliche mit Migrationshintergrund ehrenamtlich engagieren. Es könnte zu den Zielen eines Jugendverbands gehören, bewusst junge Menschen mit internationaler Familiengeschichte für bestimmte Aufgaben anzusprechen und zu qualifizieren.

kultur- und religionssensibel

Weitere Ideen sowie Umsetzungshilfen zu den hier genannten Ansätzen finden sich in den lesenswerten Broschüren EJW 2016 sowie Panesar 2017, grundlegende Texte bietet der Band von Albrecht u. a. 2018.

3.9 Digitale Formen der Jugendarbeit

Die Digitalisierung – oder präziser: Mediatisierung – des jugendlichen Alltags wurde in Kapitel 1.4 bereits beschrieben. Digitale Medien, allen voran das Smartphone, gehören heute in allen Lebensbereichen selbstverständlich dazu. Die Jugendarbeit hat verschiedene Modelle entwickelt, den »digitalen Sozialraum« als Lebensbereich junger Menschen zu integrieren (vgl. Rösch 2019). Bis zum Jahr 2019 wurde vor allem über die Frage diskutiert, wie traditionelle Formen der Jugendarbeit digital begleitet oder beworben werden konnten. Die Öffentlichkeitsarbeit für einen Jugendgottesdienst verschob sich zunehmend von der gedruckten Werbung (Flyer, Plakate) auf digitale Ankündigungen. Jugendleiter blieben mit ihren Gruppen per Whatsapp in Kontakt und Freizeitfotos wurden auf Instagram® in Szene gesetzt. Der Beziehungsraum Jugendarbeit ereignete sich grundsätzlich aber in realen Begegnungen.

Digitalisierungsschub durch die Coronakrise

Mit der Coronakrise ab März 2020 entwickelten sich – aus der Not der Kontaktbeschränkungen heraus geboren – dann digitale Formen der Jugendarbeit, bei denen das traditionelle Präsenz-Setting durch Onlinetreffen ersetzt wurde. Gruppen trafen sich wöchentlich per Zoom, Mitarbeitende forderten sich zu Challenges in Form von Videos heraus, Andachtsimpulse per Instagram® und Jugendgottesdienste im Livestream gingen online. Als deutlich schwieriger erwies es sich, Angebote der offenen Jugendarbeit in Onlineformate zu überführen, weil gerade der informelle Charakter auf den konkreten Raum eines Jugendhauses angewiesen ist. Eine Befragung von Hauptamtlichen in der evangelischen Jugendarbeit vom September 2020 zeigt, wie sehr die Jugendarbeit unter den Bedingungen eines Lockdowns leidet (Brinkmann/Ilg 2021): Nach etwa vier Monaten Lockdown existierte ein Fünftel der Jungschargruppen nicht mehr, die Zahl der Ehrenamtlichen war um 13 % zurückgegangen und Freizeiten konnten nicht oder nur in stark veränderter Form durchgeführt werden. Die hier befragten Hauptamtlichen der evangelischen Jugendarbeit in Württemberg berichteten fast durchweg über alternativ eingeführte digitale Formate. Dafür wurden (neben einer eigenen Internetseite) vor allem Zoom, Instagram®, Whatsapp und Youtube verwendet. Datenschutzrechtliche Bedenken, die insbesondere bei Whatsapp bestehen (vorgegebenes Mindestalter 16 Jahre, Nutzung der Kontaktdaten des Smartphones durch den Facebook-Konzern) sind den Hauptamtlichen zwar bewusst, werden aber zumeist zurückgestellt, weil man Jugendliche ohne Whatsapp kaum effektiv erreichen könne.

Wenn das theologische Anliegen der Kirche und ihrer Jugendarbeit mit dem Stichwort der Kommunikation des Evangeliums gefasst wird (vgl. Kapitel 2.1), dann sind auch digitale Formen daran zu messen, inwiefern sie diesem Ziel dienen. Der Kommunikationsbegriff erweist sich als hochgradig anschlussfähig für die mediatisierte Welt des 21. Jahrhunderts, denn dank des mobilen Internets wird nahezu pausenlos und grenzenlos kommuniziert. Betrachtet man allerdings die gängigen Formen kirchlichen Engagements im Internet, dann steht oft doch das »Verkündigen« vom Sender zum Empfänger im Vordergrund. So stellte Anna-Katharina Lienau (2020) bei der Analyse von Instagram-Auftritten junger Theolog*innen fest, dass belehrende und predigende Äußerungen im Vordergrund stehen, was sie kritisch als »Digitalisierung alter Traditionen« bezeichnet. Gerade in der Jugendarbeit sollte bei theologischen Inhalten nach Formen gesucht werden, in denen die symmetrische Kommunikation, also der Austausch auf Augenhöhe, gelingt. In keiner anderen Zeit waren die kommunikativen Voraussetzungen für eine Umsetzung des Priestertums aller Getauften so günstig wie im digitalen Zeitalter. Das Internet also als Ort von Jugendtheologie? Bisherige Erfahrungen weisen das noch als einen frommen Wunschtraum aus, auch weil theologischer Tiefgang nur bedingt zu den kurzen, auf Ästhetik und Effekt getrimmten Botschaften der sozialen Medien passt. Allerdings könnten die partizipativen Chancen im Social-Media-Bereich noch deutlich stärker für eine beteiligungsorientierte digitale Jugendarbeit genutzt werden, bei der Jugendliche ihre Haltungen zu religiösen und politischen Fragen aktiv einbringen.

Kontextualisierung und Kontrakulturation

Christian Grethlein (2018) unterscheidet bei der digitalen Kommunikation des Evangeliums Aspekte der *Kontextualisierung* von denen der *Kontrakulturation.* Dieses Spannungsfeld kann als Leitlinie auch für die digitale Jugendarbeit dienen: Einerseits gilt es, die Formen junger Menschen kontextuell einzubinden. Es ist gut und richtig, wenn Mitarbeitende »ihren« Jugendlichen auch in den aktuellen sozialen Medien begegnen und den digitalen Gesprächsfaden aufgreifen. Zugleich sollten vom Evangelium her andererseits auch Gegenakzente gesetzt werden, indem beispielsweise thematisiert wird, welche Wirkungen die Verbreitung scheinbar lustiger Memes oder peinlicher Fotos für Betroffene nach sich ziehen kann. Aktionen wie »Handyfasten« können einen reflektierten Umgang mit digitalen Medien unterstützen. Digitale Jugendarbeit steht also nicht nur im Spannungsfeld zwischen Datenschutz und effektivem Erreichen junger Menschen, sondern auch zwischen dem

»Mitziehen« bei digitalen Trends und einer kritischen Begleitung digitaler Mediennutzung.

Einige Aspekte für digitale Formen der Jugendarbeit sollen im Folgenden – angesichts der genannten Spannungsfelder bewusst als Fragen formuliert – benannt werden:

Mischung aus realen und digitalen Begegnungen

- Als Grundkriterium für digitale Formen in der Jugendarbeit kann die Frage gestellt werden, inwiefern dadurch Beziehungsräume gestärkt werden. Welche Kanäle sind dafür geeignet, ehrliche Begegnungen auch digital zu ermöglichen? Wo treten Menschen hinter perfektionierten Profilen zurück? Wird Raum auch für leise Töne, Schwächen und offene Fragen geschaffen? Welche Mischung aus realen und digitalen Begegnungen fördert das Wachsen vertrauensvoller Beziehungen?
- Insbesondere die fotofokussierten Dienste wie Instagram® verstärken den Trend zur Inszenierung der eigenen Person: Wie »instagrammable« stellt sich die Freizeit dar? Erscheint die Internetseite des Jugendcafés professionell genug, um Aufmerksamkeit zu wecken? Verantwortliche der Jugendarbeit resignieren zuweilen angesichts der hochprofessionellen Auftritte kommerzieller Konkurrenz. Wie viel Zeit und Energie soll in die Außendarstellung investiert werden, wenn das Selbstverständnis eines Jugendverbands den Wert des Menschen doch gerade nicht von einem vorzeigbaren Äußeren abhängig macht?
- Die Trennung zwischen »privatem« und »dienstlichem« Kontakt verwischt bei sozialen Medien zumeist. Wer als Jugendpfarrer*in nicht möchte, dass sich Jugendliche auch im Urlaub per Whatsapp melden, muss die Kommunikation über ein Diensthandy führen, das längst nicht überall zur Grundausstattung gehört. Welche Grenzen können und müssen Hauptamtliche bei der digitalen Kommunikation ziehen? Welche Ausstattung steht ihnen zur Verfügung?
- Wie gelingt es, in der Fülle rechtlicher Bestimmungen eine legale und datenschutzrechtlich verantwortbare Form digitaler Jugendarbeit umzusetzen? Können Fotos aus dem Jugendcafé gepostet werden, wenn nicht alle Abgebildeten schriftlich zugestimmt haben? Welche Auswirkungen haben die Vorschriften der EU-Datenschutzgrundverordnung (DSGVO) auf die Handhabung selbst alltäglicher Dokumente wie einer Teilnehmendenliste? Hier gilt es, pragmatische Lösungen zu finden, die nicht (nur) von der Angst, etwas falsch zu machen, dominiert werden.
- Digitale Bedürfnisse von Jugendlichen müssen auch bei der baulichen Ausstattung ernst genommen werden. Ist ein leistungsstarkes WLAN

im Jugendkeller vorhanden und wer bekommt den Zugangsschlüssel? Wurde bei der Planung des Konfi-Camps auf ausreichend Steckdosen für die Ladekabel der Handys gedacht? Für manche Jugendliche sind solche Fragen ein entscheidendes Kriterium dafür, ob sie sich an einem Ort wohlfühlen können.

- Welchen Beitrag leistet die Jugendarbeit zum Umgang mit einer mediatisierten Umwelt? Die Vermittlung von Medienkompetenz sollte hierbei weniger im technischen, sondern zunächst im ethischen Sinne verstanden werden: Welche Leitlinien ergeben sich aus dem Evangelium für einen angemessenen Umgang mit digitalen Sozialräumen?
- Werden Orte geschaffen, die als Gegenwelt zur global vernetzten »Always on«-Kultur die Erfahrung von Stille und Konzentration auf Weniges ermöglichen? Für manche Jugendliche können fünf handyfreie Minuten des Schweigens im Kirchenraum zu einem ungeahnten spirituellen Erlebnis führen. Stille zu ermöglichen, gehört zu den besonderen Alleinstellungsmerkmalen kirchlicher Jugendarbeit!

Gegenwelt: Stille und Schweigen

- Wie lassen sich digital affine Jugendliche mit ihren Begabungen einbinden? Zur mediatisierten Welt gehört längst, dass Influencer*innen eine Öffentlichkeit erreichen, die noch vor wenigen Jahrzehnten nur Eliten vorbehalten war. Die öffentliche Präsenz der Jugendarbeit und Kirche lässt sich unter solchen Voraussetzungen nicht mehr zentral steuern, sie sollte mutig auch auf die Wahrnehmbarkeit einzelner Mitglieder in deren Social-Media-Auftritten setzen. Wie werden digital begabte junge Menschen dabei begleitet, in der Onlinewelt authentisch Anteil an ihrem Glauben zu geben?
- Die massiven Erfahrungen der digitalen Kommunikation unter den Corona-Lockdown-Bedingungen haben bei Jugendlichen auch zu einer digitalen Müdigkeit geführt. Gelingt es der Jugendarbeit, die Sehnsucht und die Wertschätzung nach realen Begegnungen zu erfüllen und wachzuhalten?

Insgesamt zeigt sich in der Bearbeitung des medialen Bereichs ein großer Unterschied zwischen verschiedenen lokalen Jugendarbeitsakteur*innen. Zumeist steht dahinter weniger eine bewusste Konzeption als vielmehr die Frage, ob zufällig Haupt- und Ehrenamtliche mit digitaler Kompetenz verfügbar sind. Allerdings wäre es unzeitgemäß, aufgrund eigener Berührungsängste mit neuen Medien auf jegliche digitale Präsenz zu verzichten. Als Mindestmaß sollte eine Internetseite gelten, die grundlegende Informationen zu Angeboten, Orten, Personen und Terminen bietet. Schließlich verfahren nicht nur Jugendliche, sondern auch deren Eltern oftmals nach dem Motto:

> »Was Google nicht findet, gibt es nicht.«

3.10 Kooperationen

Schon 2010 stellte die EKD-Schrift »Kirche und Jugend« fest: »Jugendliche erleben das Angebot der Kirche manchmal als unabgestimmt und disparat bzw. können das einigende Band der Vielfalt der Angebote nicht erkennen« (EKD 2010, 87). Tatsächlich kommen junge Menschen oftmals in Berührung mit der Kirche, ohne sich dessen bewusst zu sein: Die Kita in Trägerschaft der Diakonie, das sonntägliche »Abenteuerland«, ein Schülermittagessen im Gemeindehaus, der offene Jugendkeller, die Konfi-Zeit, die CVJM-Handballmannschaft, der Posaunenchor – und nicht zu vergessen der Religionsunterricht über viele Schuljahre hinweg. All diese Angebote werden für sich wahrgenommen, verweisen aber oft nicht auf ihre inhaltliche und organisatorische Zusammengehörigkeit. In der Vielfalt der Arbeitsformen, Orte, Institutionen und engagierten Personen liegt zunächst eine Stärke kirchlicher Arbeit, weil sie dadurch wandlungsfähig und passgenau in die jeweilige Situation hinein agieren kann. Zugleich ergibt sich daraus die Problematik, dass kirchliche Angebote wie unverbundene Inseln wirken – jedes Angebot stellt eine Welt für sich dar.

Konnte man sich in Zeiten großer Jahrgänge ein weitgehend unzusammenhängendes oder sogar konkurrierendes Nebeneinander verschiedener Angebote noch leisten, erscheint eine solche Verinselung unter den aktuellen Gegebenheiten als ein Relikt vergangener Zeiten, das überwunden werden muss. Kräfte müssen gebündelt, Übergänge erleichtert, Kooperationen gestärkt werden, kurz: Kirchliche Angebote für junge Menschen sollten in Form von »Landschaften statt Inseln« (Baur u. a. 2014) in Erscheinung treten. Das bedeutet keine Einebnung unterschiedlich profilierter Angebote. Eine Gruppe oder eine Veranstaltung darf weiterhin für sich stehen, sollte sich aber zugleich als Teil des Ganzen verstehen und sich in das Gefüge so einbetten, dass eine für junge Menschen attraktive Gesamtlandschaft entsteht.

Landschaften statt Inseln

Der klassische Bereich, an dem abgelesen werden kann, ob das Gegeneinander oder Miteinander dominiert, ist das Verhältnis von Konfi-Arbeit und Jugendarbeit, das in Kapitel 4.1 ausführlicher dargestellt wird. Gelingende Übergänge beginnen aber nicht erst im Konfirmandenalter. Wer genau hinschaut, wird feststellen, dass Jugendliche, die mit der Konfi-Zeit beginnen, schon vielfältige Erfahrungen mit der evangelischen Kirche mitbringen, selbst wenn sie aus wenig kirchenaffinen Familien stammen. Wie Studien zeigen, hat ein Großteil von ihnen zumindest an vereinzelten Gottesdiensten, einer Freizeit oder besonderen Aktion (z. B. Ferienangebot, Kinderbibeltag) teilgenommen (vgl. Ilg 2016). Insbesondere Freizeiten bleiben als positive Erfahrung im Gedächtnis. Die Skepsis mancher Pfarrer*innen nach dem Motto »Die Jugendlichen bringen gar nichts mehr mit« ist empirisch also nicht haltbar und atmosphärisch schädlich. Vielmehr kann bei einem Großteil der evangelischen Jugendlichen auf Vorerfahrungen mit der Kirche aufgebaut werden.

> Enge Definitionen von Kirchlichkeit, die den Besuch des Sonntagsgottesdienstes oder einer regelmäßigen Gruppe als Kriterium der echten Verbundenheit verstehen, wirken exklusiv und unrealistisch.

Erfahrungen mit Kirche wertschätzen

Stattdessen sollten die bisherigen Erfahrungen junger Menschen mit Kirche gewürdigt und als Schritte auf dem Weg des Glaubens wertgeschätzt werden.

Ob der Weg von Inseln zu Landschaften in einer Gemeinde gelingt, macht sich im Wesentlichen an den Haltungen der beteiligten Personen fest. Solange Konkurrenzdenken die kirchliche Arbeit bestimmt, bleiben Angebote isoliert. Wer nicht von persönlichen Eigenheiten, sondern vom Kind her denkt, wird der musikalisch begabten Teilnehmerin einer Kindergruppe auch dann die Mitwirkung im Kinderchor empfehlen, wenn dies mit dem Risiko verbunden ist, dass sie die Kindergruppe dann nicht mehr besuchen kann. Kinder- und Jugendarbeit sucht das Beste für junge Menschen, nicht für die eigene Gruppe! Die »Landschaftsarchitektur« hängt aber auch von strukturellen Voraussetzungen ab, die in Gremien geschaffen werden: Warum ist es selbstverständlich, dass beim Sonntagsgottesdienst eine Küsterin in Teilzeitanstellung für den Rahmen sorgt, die Jugendmitarbeitenden aber keine bezahlte Hilfe erhalten, wenn sie einen Jugendgottesdienst im Freien aufbauen? Begegnungsabende und Feste für Mitarbeitende können der Ort sein, an dem unterschiedliche Akteur*innen sich kennenlernen, Informationen austauschen und Wertschätzung, verbunden mit einem Danke-Essen, erhalten. Auch die Öffentlichkeitsarbeit sollte nicht verinselt vom Angebot her, sondern aus Perspektive der Nutzer*innen gedacht werden. Eine Darstellung der

Öffentlichkeitsarbeit

Gruppen nach Altersstufen erscheint auf der Homepage dann möglicherweise zielführender als ein Menü, das sich nach Zuständigkeitsbereichen der Verantwortlichen (Kirchenmusik, Jugendwerk, Kindergottesdienst) sortiert.

Familie

Wer Kinder- und Jugendarbeit von der Zielgruppe her konzipiert, wird rasch entdecken, welche zentrale Rolle die Familie bei der Frage spielt, ob junge Menschen den Weg in die kirchlichen Angebote finden. Wenn bei den mancherorts eingeführten Besuchen bzw. Briefen anlässlich der Tauferinnerung auf Möglichkeiten hingewiesen wird, wie ein Kind und seine Eltern den Kontakt mit der Kirche halten können, wird etwas von dem Netzwerk deutlich, das Kirche für Familien bietet. Der Elternkontakt sollte auch bei regelmäßigen Gruppenangeboten oder Kinderfreizeiten gepflegt werden, beispielsweise mit gelegentlichen Elternabenden. Junge Ehrenamtliche werden dankbar sein, wenn sie bei dieser Aufgabe, die viele eher scheuen, von älteren und erfahrenen Hauptamtlichen unterstützt werden. Zur Realität heutiger Familien gehört auch die örtliche Mobilität. Zieht eine evangelische Familie berufsbedingt in eine neue Stadt, erhält das Pfarramt hierüber eine Information, auch mit dem Alter der Kinder. Ein Hinweis auf Gruppen für die jeweilige Altersgruppe, am besten durch persönliche Kontaktaufnahme, kann der entscheidende Auslöser dafür werden, dass die Kinder in die Peergroup am neuen Ort hineinfinden. Selbstverständlich sollten Angebote für Familien die ganze Fülle der gesellschaftlichen Realität des Zusammenlebens unterschiedlicher Generationen beachten. So fallen Alleinerziehende oftmals aus dem Raster kirchlicher Familienkonzeptionen, wenn diese sich an der traditionellen »Vater-Mutter-Kinder«-Konstellation orientieren. Schon kleine Anpassungen der üblichen Angebote können hier einen großen Effekt haben: So führen manche Gemeinden bei der Kinderbibelwoche eine ergänzende Früh- und Spätbetreuung ein und kommen damit den Betreuungsbedarfen gerade Alleinerziehender entgegen.

Kooperation mit Nachbargemeinden

Angesichts schrumpfender Gemeindegliederzahlen wird Kooperation zum Schlüsselfaktor des Gelingens auch über die eigene Gemeinde hinaus. Manche Angebote sind nur noch im Verbund mit Nachbargemeinden möglich. Gute Erfahrungen bietet beispielsweise das Modell eines Jugendgottesdienstes, der gemeinsam von mehreren Gemeinden gestaltet wird. Die Jugendlichen machen sich alle drei Monate auf den Weg in einen Nachbarort, der für dieses Event alle Kräfte mobilisiert. In einem solchen Modell gelingt ein Jugendgottesdienstangebot einmal pro Quartal, ohne dass die Kräfte der Teams in den jeweiligen Orten überfordert werden.

Ökumene

Auch die ökumenische Zusammenarbeit zwischen der evangelischen und katholischen Jugendarbeit bietet unausgeschöpftes Potenzial für ein verstärktes Miteinander.

Freikirchen

Kooperationsmodelle werden mancherorts auch zwischen landeskirchlichen und evangelisch-freikirchlichen Gemeinden organisiert. Die etablierte Abgrenzung vieler traditioneller Kirchengemeinden gegenüber Freikirchen (und umgekehrt) ist aufgrund der Konkurrenzsituation zwar verständlich, aber nicht unbedingt zukunftsfähig. Mit der Pluralisierung von Lebensstilen geht auch eine wachsende Vielfalt an Bedürfnissen einher, auf die im Miteinander von Landeskirche und Freikirche möglicherweise besser eingegangen werden kann. Allerdings setzt eine solche Kooperation voraus, dass beide Partner sich gegenseitig anerkennen und nicht versuchen, Mitglieder abzuwerben. Auf den ersten Blick erscheinen manche Freikirchen für junge Menschen besonders attraktiv, weil dort andere junge Menschen zu treffen sind und Musik und Themen in den Gottesdiensten deutlich besser zur Lebenswelt von Jugendlichen passen. Darüber geraten leicht die Vorteile der landeskirchlichen Struktur aus dem Blick: Das weite Dach der Landeskirche steht für eine Breite bei Angeboten und Zielgruppen im direkten Wohnumfeld der Kirchenmitglieder. Zudem gehört die Kirchengemeinde – gerade im ländlichen Raum – zur selbstverständlichen Infrastruktur am Ort und ist eingebunden in Netzwerke mit Rathaus, Schule, Vereinswesen und weiteren lokalen Institutionen. Wo es gelingt, dass landeskirchliche und freikirchliche Gemeinden sich als unterschiedliche, aber doch zusammengehörige Teile im Reich Gottes verstehen, kann eine Kooperation zum Wohl der Kinder und Jugendlichen entstehen – theologische Offenheit und ein weitherziger Umgang mit den unterschiedlichen Prägungen vorausgesetzt.

4 Anregungen für die Praxis

Die folgenden Kapitel nehmen zentrale Handlungsfelder der Jugendarbeit in den Blick. Sie münden jeweils in praktische Empfehlungen, die (bisweilen ganz keck in der zweiten Person formuliert) zur Umsetzung ermuntern. Die Impulse werden mit Literaturverweisen auf zentrale Publikationen zum Themenfeld abgeschlossen – auf detaillierte Literaturhinweise im Text wurde bewusst verzichtet.

4.1 Die Konfi-Arbeit als Nahtstelle

Als einer der stabilsten Aspekte kirchlichen Lebens in Deutschland kann die Konfi-Arbeit gelten: Gegen die Unkenrufe, dass Kirche junge Menschen nicht mehr erreiche, steht eine Quote von deutlich über 80 % der evangelischen Jugendlichen, die als 13- bzw. 14-Jährige die etwa einjährige Konfi-Zeit durchlaufen. Der engste Kontakt mit der evangelischen Kirche während der gesamten Lebensspanne findet also ausgerechnet im herausforderungsvollen Alter der Pubertät statt. Mit den Studien zur Konfirmandenarbeit (zusammenfassend: Simojoki u. a. 2018) liegen gute empirische Einblicke in dieses Feld vor, die 2021/2022 mit dem Feedback-Tool »i-konf« weitergeführt werden. Die Studien, aus denen einige Erkenntnisse im vorliegenden Kapitel einfließen, verdeutlichen den Erfolg der Reformschritte, die sich auf dem Weg vom Konfirmandenunterricht zur Konfirmandenarbeit ergeben haben. Ein wesentlicher Schlüssel zum Erfolg liegt darin, dass die Konfi-Arbeit – so der Begriff, der sich mittlerweile als gendergerechte Bezeichnung durchgesetzt hat – in vielen Punkten von der Jugendarbeit gelernt hat. Dies gilt im Blick auf Arbeitsformen (Konfi-Samstage, Freizeiten) und insbesondere beim Einbezug von ehrenamtlichen Konfi-Teamer*innen, die mittlerweile in den meisten Gemeinden das Arbeitsfeld mitgestalten. In knapp der Hälfte der deutschen Kirchengemeinden findet den Studien zufolge während der Konfi-Zeit allerdings keine einzige gemeinsame Aktion zwischen Konfi- und Jugend-

vom Konfirmandenunterricht zur Konfi-Arbeit

arbeit statt. Das Angebot mit der größten Breitenwirkung im Jugendbereich wird mancherorts also von der eigentlichen Jugendarbeit abgekoppelt oder sogar in Konkurrenz zu ihr gestaltet. Hier verspielt die Kirche wichtige Potenziale, zumal der Anteil von Konfirmand*innen, die Interesse an Anschlussangeboten nach der Konfi-Zeit äußern, während der Konfi-Zeit deutlich ansteigt: 26 % der befragten Konfirmand*innen zeigten grundsätzliches Interesse, nach der Konfi-Zeit eine kirchliche Jugendgruppe zu besuchen.

In einer Zeit, in der es zunehmend schwierig wird, kirchliche Angebote auf dem Markt jugendlicher Möglichkeiten zu platzieren, kommt der Konfi-Arbeit damit eine zentrale Chance zu: Nach einer gelungenen Konfi-Zeit sollten Übergänge in die Jugendarbeit bewusst angestoßen und systematisch geplant werden. Erfolgreiche Formen dieser Kooperation werden im Folgenden benannt:

Kooperationsformen

- Wenn Übergänge gelingen, hängt dies zumeist an konkreten Personen und Beziehungen. Konfirmand*innen denken nicht von Institutionen, sondern von Gesichtern her. Wenn die ehrenamtliche Mitarbeiterin Nele die zentrale Bezugsperson im Team der Teenagerarbeit ist, sollte sie bei der Konfi-Freizeit nicht fehlen – und dort Zeit für Begegnungen haben. Die merkwürdige Konstellation, dass mancherorts Gemeindepädagog*innen und Jugendreferent*innen zwar einen Teilauftrag in einer Gemeinde haben, aber in der Konfi-Arbeit nicht auftauchen, erschwert Übergänge in die von ihnen verantworteten Angebote unnötig.
- Der oft gehörte Hinweis, die Konfi-Stunde sei als Bildungsangebot etwas anderes als ein Treffen in der Jugendgruppe, hat durchaus ihre Berechtigung. Der Jugendarbeitsstil muss nicht unbedingt die Konfi-Stunden prägen – vielleicht lassen sich aber in den Zeiten vor und nach den Treffen Räume für Begegnung öffnen. Eine Tüte Chips, der Tischkicker im Foyer und Ehrenamtliche aus dem Konfi-Team bieten einen geselligen Rahmen, in dem die Konfi-Gemeinschaft ganz von allein wächst.
- Der Sonntagsgottesdienst als ungeliebter »heimlicher Lehrplan« der Konfi-Zeit wird von vielen Jugendlichen als langweilig und lebensfern wahrgenommen. Verpflichte Jugendliche nicht zu Gottesdiensten, in denen sie sich langweilen! Sorge dafür, dass zumindest hin und wieder Jugendgottesdienste erlebbar sind. Erwarte nicht, dass Jugendliche nach der Konfirmation zu normalen Sonntagsgottes-

diensten in der Kirche auftauchen. Ihre geistlichen Erfahrungsräume ereignen sich typischerweise nicht bei Orgelklängen, sondern bei Gemeinschaftserlebnissen mit Gleichaltrigen.

- Fragt man Konfirmierte im Rückblick nach ihrer besten Erfahrung während der Konfi-Zeit, werden am häufigsten die Freizeiten und Camps genannt. Keine Konfi-Zeit sollte ohne diese Intensiverfahrungen geplant werden. Die Studien zur Konfirmandenarbeit zeigen übrigens, dass Camps mit vier und mehr Übernachtungen einen noch positiveren Effekt aufweisen als die üblichen Konfi-Wochenenden.
- Die Einladung zu einer Sommerfreizeit nach der Konfirmation kann eine Brücke zu regelmäßigen Jugendgruppen bilden. An den Kosten muss das nicht scheitern, wenn Eltern interessierter Konfis den Tipp erhalten, die Freizeitkosten als Teil des Konfirmationsgeschenks zu übernehmen.
- Das insbesondere in den östlichen Landeskirchen gepflegte Konzept der Christenlehre bindet die Konfi-Zeit in einen längeren Prozess des konfirmierenden Handelns der Gemeinde ein. So hilfreich der Projektcharakter der Konfi-Zeit für die Motivation der Jugendlichen sein kann (klarer Beginn, klares Ende, kein gefühltes »Dauer-Abo« mit Kirche), so wichtig ist eine Perspektive, die Brücken in die Zeit vor und nach der eigentlichen Konfi-Phase schlägt. Dort, wo das Modell einer zweiphasigen Konfi-Arbeit etabliert ist, sollten Kooperationen zwischen »Konfi 3« und anderen kirchlichen Kinderangeboten fest verankert werden.

Christenlehre

Konfi 3

- Ein vielversprechender Übergang nach der Konfi-Zeit liegt in der Einladung zur eigenen ehrenamtlichen Mitarbeit. Du kannst nicht erwarten, dass die frisch Konfirmierten direkt Verantwortung in der Gemeinde übernehmen. Mit einem »Trainee-Programm« und der Perspektive, als Junior-Mitarbeitende beim nächsten Konfi-Camp dabei zu sein, lassen sich aber viele Jugendliche begeistern, erste Schritte in Richtung Mitarbeit direkt nach der Konfirmation einzuschlagen (vgl. dazu Kapitel 4.7). Die Lust auf den Einstieg in ein späteres Engagement kann deutlich gesteigert werden, wenn Praktika während der Konfi-Zeit das Hineinschnuppern ins Ehrenamt ermöglichen. Auch hier liegt ein Schlüssel in der persönlichen Beziehung: Sprich Jugendliche direkt und persönlich mit der Frage an, ob sie sich die Ausbildung fürs Ehrenamt vorstellen können.
- Auch wenn längst nicht alle Konfirmierten in der Jugendarbeit auftauchen werden: Zumeist haben sie die Konfi-Zeit in guter Erinne-

rung. Knüpfe daran an! Eine gute Idee kann es sein, die 13-Jährigen während der Konfi-Phase einen Brief in ihre erwachsene Zukunft schreiben zu lassen. Die Briefe werden von dir in einem verschlossenen Umschlag aufbewahrt und zum 18. Geburtstag an die jungen Erwachsenen geschickt – vielleicht verbunden mit der Einladung zu einem Konfi-Revival im Gemeindehaus? Warum sollte man damit bis zur Goldenen Konfirmation warten?

- Zwei digitale Medien bieten sich für die Konfi-Arbeit an: Die »KonApp« (www.konapp.de) erleichtert insbesondere den Zugang zur Bibel, das Online-Tool »i-konf« (www.i-konf.de) ermöglicht Befragungen von Konfirmand*innen zur feedbackgestützten Qualitätsentwicklung.

Als wertvoller Ratgeber für die Konfi-Arbeit kann – neben dem Band »Konfirmieren« in der vorliegenden Reihe (Lübking 2021) – insbesondere das umfassende »Handbuch Konfi-Arbeit« (Ebinger u. a. 2018) empfohlen werden.

4.2 Regelmäßige Gruppenangebote

Mit der Gruppe als Kernformat der Jugendarbeit befasste sich bereits Kapitel 2.5. Die traditionelle Form der Jugendarbeit, die wöchentliche Gruppe, findet sich längst in verschiedenen Varianten. Ob in wöchentlichen oder monatlichen Treffen, ob mit Andacht und Lied oder eher als gemeinsame Zeit zum »Chillen« gestaltet: Der besondere Charme der regelmäßigen Gruppenarbeit liegt in der überschaubaren Zahl junger Menschen, unter denen eine Weggemeinschaft des Glaubens und Lebens entstehen kann. Was dort über eine lange Zeit hinweg passiert, ist oft wenig spektakulär, aber für die Gruppenmitglieder bedeutsam. Für viele Jugendlichen kann gerade in der Umbruchszeit des Jugendalters ihre Gruppe zu einer Art Homebase werden, der man – anders als bei den anderen wichtigen Sozialisationsinstanzen Familie und Schulklasse – freiwillig angehört. Gemeinsam erlebt eine Gruppe verschiedene Entwicklungsstadien, die idealtypisch mit den fünf Stationen Kennenlernphase, Machtkampfphase, Vertrauensphase, Differenzierungsphase und Trennungsphase beschrieben werden und in ihrer jeweiligen Dynamik beachtet werden sollten (vgl. Röcker/Körner 2019, 100–105). Die Mitarbeitenden einer Gruppe sind gefordert, in puncto Offenheit der Gruppe nach außen eine angemessene Balance zu finden: Für das Selbstverständnis als Gruppe ist eine gewisse

Weggemeinschaft

Identifikationsmöglichkeiten

Exklusivität notwendig. Das Gefühl dazuzugehören braucht Identifikationsmöglichkeiten wie einen Gruppennamen, einen gestaltbaren Raum oder – nicht nur bei den Pfadfinder*innen – Erkennungsmerkmale in Kleidung, Abzeichen, Sprüchen oder Liedern. Zugleich sollte die Gruppe die prinzipielle Offenheit für neue Mitglieder bewahren, denn das Hinzukommen neuer Jugendlicher sorgt oft für eine produktive Irritation eingespielter Gruppennormen (vgl. dazu S. 39).

Empirische Erhebungen zur Kinder- und Jugendarbeit verdeutlichen, dass die wöchentliche Gruppe vor allem bei den etwa 6- bis 13-Jährigen gut ankommt. Allerdings wird die Kindheit zunehmend zum umkämpften Ort auf dem »Markt der Angebote«: Mit dem Beginn der Grundschulzeit sortieren sich bei vielen Kindern die (häufig allzu gefüllten) Wochenpläne. Für manche Eltern ist klar, dass Kinder im Bereich Sport und Musik gefördert werden müssen, zuweilen auch mit einer Fokussierung auf Podestplätze bei Sportwettbewerben oder Preise bei »Jugend musiziert«. Der Bildungsbeitrag einer wöchentlichen Kindergruppe der Kirchengemeinde erscheint da auf den ersten Blick weniger plausibel als beim Flötenunterricht oder in der Leichtathletikgruppe. Doch Kinder brauchen und genießen Lebens- und Beziehungsräume, in denen sie »einfach so« sein dürfen. Die kirchlichen Gruppen für Kinder bieten hier eine Oase mit einer festen Bezugsgruppe und zugleich ein Bildungsangebot, in dem personale und soziale Kompetenzen gefördert werden. Zu-

Arbeit mit Kindern

recht wird die Arbeit mit Kindern – mancherorts als »Jungschar« bezeichnet – daher als Kern der Kinder- und Jugendarbeit gesehen, den es zu pflegen gilt.

Einige Anregungen können Impulse bieten, die alte Idee der regelmäßigen Kinder- oder Jugendgruppe auch unter den Bedingungen des 21. Jahrhunderts attraktiv zu erhalten:

- Den (zumeist ehrenamtlichen) Mitarbeitenden kommt für die Entwicklung einer Gruppe eine Schlüsselfunktion zu. Oft entscheidet sich die Frage, ob Kinder und Jugendliche an einem Angebot teilnehmen, weniger an der Frage, was man dort tut, als an der Frage, wer sich dort einfindet. Die Mitarbeitenden sollten für ihr Engagement gut ausgestattet werden, beispielsweise mit Büchern oder dem Zugang zu qualitativ hochwertigen kostenpflichtigen Internetangeboten für die Gruppenarbeit (vgl. die Hinweise im Anhang 7.1 ab S. 122).
- Die Gestaltung einer Gruppe sollte so partizipativ wie möglich erfolgen. An eine erste, von den Mitarbeitenden gestaltete Phase kann

sich ein Projekt anschließen, bei dem die Gruppenmitglieder jeweils in Teams eine Gruppenstunde verantworten. So wird deutlich: Was wir gemeinsam tun, hängt von allen ab.

- Achte bei der Programmplanung darauf, dass zumindest hin und wieder andere Kompetenzen gewürdigt werden als dies in der Schule und der Leistungsgesellschaft der Fall ist. Beim Quiz werden die Jugendlichen gewinnen, die auch in der Schule gut abschneiden. Der Kochabend, die Geländerallye oder das gemeinsame Bauen eines Cajóns rücken dagegen andere Fähigkeiten in den Vordergrund – und veranschaulichen die biblische Wertschätzung von Vielfalt nach dem Motto: »Viele Glieder, ein Leib« (1. Kor 12).
- Gestalte nach Möglichkeit eine (Wochenend-)Freizeit mit der Gruppe. Für die Dynamik und die Gemeinschaft bieten solche Zeiten eine Intensivierung, die sich noch lange danach auswirkt. Wie denkt die Gruppe über die Idee, eine solche Freizeit jedes Jahr gemeinsam zu erleben? Gelingt es, die dafür notwendige Vorbereitung Jahr für Jahr ein Stück mehr in die Verantwortung der Gruppenmitglieder zu legen?

eine Freizeit pro Jahr

- Mache sichtbar, wer dazugehört. Gruppenfotos im Gemeindehaus oder dem örtlichen Mitteilungsblatt bieten eine einfache, aber wichtige Identifikationsmöglichkeit. Manche Gruppen hängen ein Symbol aus Holz an die Wand, bei dem sich jedes neue Gruppenmitglied mit einem Nagel »verewigen« darf.
- Eine Gruppe muss nicht Selbstzweck bleiben. Wo kann man sich gemeinsam für eine gute Sache engagieren? Schon die Gestaltung einer coolen Cocktailbar beim Gemeindefest kann zum Event werden. Diakonisches Engagement verhilft Gruppen zu einer Horizonterweiterung: Ein Weihnachtsbesuch im Altenheim, die Mitgestaltung eines Gefängnisgottesdienstes, eine Fahrradreparaturaktion für Geflüchtete: Als Gruppe kann auch mit zeitlich begrenzten Aktionen Gutes getan werden, und zugleich erleben die Jugendlichen, dass sie sich mit vereinten Kräften wirksam für gesellschaftliche Aufgaben einsetzen können.
- Digitale Formate können die regelmäßigen Treffen bei Bedarf ergänzen. Wer richtet eine Austauschgruppe für die Kommunikation am Smartphone ein? Kann ein abendliches Treffen auch einmal über ein Videokonferenzsystem stattfinden? Lässt sich so zumindest sporadisch Kontakt auch zu der Teilnehmerin halten, die sich für einige Monate im Schüleraustausch in Spanien befindet?

- Nehmt als Gruppe die Angebote der Jugendarbeit auf Kirchenkreis- und Landesebene wahr, beispielsweise Jugendgottesdienste oder Sportturniere. Gemeinsame Aktionen mit anderen Gruppen (oder im spielerischen Wettbewerb mit diesen) stärken das Gruppengefüge und bieten Erlebnisse, die man vor Ort nicht auf die Beine stellen kann.
- Suche bei länger laufenden Gruppen rechtzeitig nach Ideen, in welcher Form eine Fortsetzung auch im jungen Erwachsenenalter möglich wird. Kann sich aus der Jugendgruppe langfristig ein Hauskreis bilden? Trifft man sich ohnehin auch im Mitarbeitendenkreis, weil mittlerweile fast alle Gruppenmitglieder selbst engagiert sind? Manchmal ist auch ein feierlicher Schlusspunkt angesagt, bei dem der Dank für die gemeinsam erlebten Jahre im Mittelpunkt steht, bevor die Gruppe sich in einem frustrierenden Prozess allmählich auflöst.

Literatur zur evangelischen Jugendgruppenarbeit findet sich beispielsweise in Karcher/Zimmermann 2016.

4.3 Offene Angebote

Während regelmäßige Gruppenangebote eher die Jugendlichen aus Familien der Kerngemeinde ansprechen, liegt in der offenen Jugendarbeit die Chance, ein niedrigschwelliges Angebot für alle jungen Menschen bereitzuhalten, insbesondere auch für solche, die einer anderen oder keiner Konfession angehören. Hier kann deutlich werden, inwiefern evangelisches Profil und Pluralitätsfähigkeit sich gerade nicht ausschließen, sondern zusammengehören.

Unverbindlichkeit der Teilnahme

Angebote der offenen Jugendarbeit werden – wie Jugendgruppen auch – ohne Mitgliedschaftsverpflichtungen oder Eintrittskosten zur Verfügung gestellt. Die Unverbindlichkeit der Teilnahme, die bei Jugendgruppen eher als Problem wahrgenommen wird, ist in der offenen Arbeit aber konzeptionell vorgesehen: Die Jugendlichen können zu den Öffnungszeiten einfach vorbeischauen und bleiben so lange, wie es ihnen passt. Zur Palette der offenen Jugendarbeit gehören Jugendhäuser, selbstverwaltete Jugendräume (beispielsweise in Form eines Bauwagens), Abenteuerspielplätze oder Jugendfarmen. Entsprechend unterschiedlich sind die Konzeptionen im Blick auf das Alter der Zielgruppe und die erreichten Milieus. Stärker als in der zumeist bürgerlich geprägten Gruppenarbeit werden auch Jugendliche aus benachteiligten Zielgruppen erreicht, sodass der Übergang von der Jugendarbeit nach § 11 SGB VIII zur Jugendsozialarbeit nach § 13 hier fließend verläuft. Im Zentrum der offenen Jugendarbeit stehen die Jugendlichen mit ihren Interessen. Sie genießen zumeist den Freiraum, in dem nichts geleistet und kein vorgegebenes Programm absolviert werden muss. Der offene Betrieb als Kern der Arbeit wird ergänzt durch Veranstaltungen, Konzerte, Beratungsangebote oder Kurse. Auch die Sozialraumorientierung stellt ein wichtiges Prinzip der offenen Jugendarbeit dar, sodass Kooperationen mit Partnern im Umfeld gesucht werden. Besonders umstritten ist dabei, inwiefern die offene Jugendarbeit auch mit der Schule kooperieren kann, ohne ihr Wesensmerkmal der Freiwilligkeit aufs Spiel zu setzen (vgl. dazu das anschließende Kapitel 4.4).

Angebote der offenen Jugendarbeit werden in der Regel von hauptamtlichen Kräften geleitet und benötigen feste Räumlichkeiten. Sie sind daher mit einem erheblichen finanziellen Aufwand verbunden, der vom öffentlichen Träger der Jugendhilfe, also der kommunalen Seite, zu tragen ist. Offene Angebote in Trägerschaft der evangelischen Kirche oder der Diakonie werden nach dem Prinzip der Subsidiarität refinanziert. Wer offene Jugendarbeit verantwortet, ist zumeist unweigerlich auch in Debatten der Legitimation solcher Angebote verwickelt, weshalb eine gute Öffentlichkeitsarbeit zu den notwendigen Hintergrundaufgaben gerade in diesem Arbeitsfeld gehört. Zur Plausibilisierung der Angebote hilft ein Hinweis auf den präventiven Charakter, da es oftmals gelingen kann, auch Jugendliche zu erreichen, die ansonsten in Kriminalität oder Drogensucht abzurutschen drohen.

gute Öffentlichkeitsarbeit

Auch die offene Jugendarbeit lebt von Beziehungen, aber sie gestaltet – im Bild gesprochen – einen sehr offenen Beziehungsraum. Die Verantwortlichen gewährleisten einerseits den Rahmen für die Arbeit, begleiten andererseits aber die Jugendlichen auch bei den gemeinsamen (Freizeit-)Aktivitäten im Jugendhaus, wodurch sich immer wieder Herausforderungen für die eigene Rolle ergeben. Dies wird in drei Regeln deutlich, die bei Cloos u.a. 2009 (161–170) benannt werden. Hier wird die (zum Teil paradoxe) Grundhaltung für Mitarbeitende in der offenen Jugendarbeit wie folgt beschrieben:

– *Mitmachregel:* »Mach bei den Aktivitäten der Kinder und Jugendlichen mit. Verhalte dich dabei so, als wärst du TeilnehmerIn unter anderen. Stelle glaubhaft dar, dass du als ein Anderer teilnimmst!«

- *Sparsamkeitsregel:* »Gehe […] sparsam mit der Transformation von alltäglichen Kommunikationen in Rahmen um, die die Asymmetrie der Arbeitsbeziehungen allzu sichtbar werden lassen.«
- *Sichtbarkeitsregel:* »Mache dich und deine persönlichen Einstellungen erkennbar (sichtbar), aber lasse gleichzeitig zu, dass die Jugendlichen ihre Einstellungen (auch die aggressiven, negativen) sichtbar werden lassen, ohne dass dadurch die wechselseitigen Anerkennungsverhältnisse in Frage gestellt werden.«

Die Anzahl evangelischer Jugendhäuser variiert regional sehr stark, besonders ausgeprägt sind die »Offenen Türen« beispielsweise in Nordrhein-Westfalen. Um den Gedanken der offenen Jugendarbeit umzusetzen, bedarf es allerdings nicht immer einer eigenen Einrichtung. Offene Treffs lassen sich in begrenztem Umfang relativ einfach umsetzen, wenn beispielsweise ein Gemeindehaus in Zentrumsnähe bereitsteht. Warum sollten die Türen verschlossen bleiben, wenn – insbesondere in der kalten Jahreszeit – Jugendliche keinen Ort haben, an dem sie sich zwanglos treffen können? Die Idee, hier ein offenes Jugendcafé bereitzustellen, liegt auf der Hand. Dabei ist es ratsam, die fachliche Beratung von Expert*innen der offenen Jugendarbeit einzuholen und insbesondere die Jugendlichen selbst in die Planung oder den möglicherweise notwendigen Umbau der Räumlichkeiten zu involvieren. Die Kommune ist dabei auch als mögliche Finanzgeberin anzusprechen, sodass der Betrieb eines solchen Cafés neben Ehrenamtlichen auch durch Hauptamtliche oder Honorarkräfte sichergestellt werden kann. Dort, wo die offene Jugendarbeit in kommunaler oder anderer freier Trägerschaft durchgeführt wird, kann die Kirchengemeinde sich als attraktive Kooperationspartnerin anbieten, mit der ein wichtiger Teil des Sozialraums erschlossen wird. Zum evangelischen Profil gehört es, Fragen von Religion und Weltanschauung auch in der offenen Jugendarbeit aktiv zu thematisieren, anstatt auf die Herausforderung des religionspluralen Miteinanders wie mancherorts durch das Tabuisieren von Glaubensthemen zu reagieren.

offenes Jugendcafé

Eine umfassende Darstellung zum Arbeitsfeld bietet das »Handbuch Offene Kinder- und Jugendarbeit« (Deinet u. a. 2021). Wichtige diakonische Perspektiven auch im Blick auf die Jugendsozialarbeit finden sich im »Handbuch Diakonische Jugendarbeit« (Braune-Krickau/Ellinger 2010).

4.4 Schulbezogene Jugendarbeit

Jugendarbeit ist das Gegenteil von Schule – diese Überzeugung markiert(e) für viele Fachkräfte eine Grundhaltung ihrer Arbeit. Schulpflicht und Zeugnisse auf der einen Seite, Freiwilligkeit und ein leistungsfreier Raum auf der anderen Seite: Auf den ersten Blick scheint klar, dass Jugendarbeit und Schule nicht zueinanderpassen. Allerdings gibt es gute Argumente und gelungene Erfahrungen, die zeigen, dass gerade in der schulbezogenen Jugendarbeit ein wichtiges Zukunftsfeld kirchlicher Jugendarbeit liegen könnte.

Mit dem Begriff der »Scholarisierung des Jugendalters« wird das Phänomen bezeichnet, dass die Schule zunehmend die Lebenswelt junger Menschen bestimmt. Wachsende Präsenzzeiten im Schulgebäude als Folge schulpolitischer Entwicklungen wie G8 oder der Ganztagsschule sorgen dafür, dass ein großer Teil des jugendlichen Lebens von schulischen Anforderungen bestimmt ist – die Schule wird zunehmend zum Lebensraum. Wenn Kirche und kirchliche Jugendarbeit ihren Ort dort sehen, wo junge Menschen sind, kommen sie an der Schule also nicht vorbei. So flächendeckend, wie die Jugendsozialarbeit im schulischen Bereich landete und sich dort als Schulsozialarbeit etabliert hat, wird es für die schulbezogene Jugendarbeit zwar absehbar keinen institutionalisierten Platz an allen Schulen geben. Einige Projekte und Initiativen zeigen jedoch das Potenzial der schulbezogenen Jugendarbeit auf: Ein verbreitetes Angebot, das zum Teil auch in offiziellen Schulrichtlinien verankert ist, sind die *Tage der Orientierung*, bei denen Schülergruppen für drei Tage das Schulhaus gegen ein Kloster eintauschen und mit Teamer*innen der Jugendarbeit ins Gespräch über Lebensthemen kommen. Ebenfalls seit Jahrzehnten etabliert, wenn auch weniger verbreitet, sind *Schülerbibelkreise*, die ein Stück Jugendarbeit in der Schule darstellen: Solche Kreise leben aus der Eigeninitiative von Schüler*innen, zum Teil von Lehrkräften begleitet, und treffen sich überkonfessionell zumeist einmal wöchentlich für Andacht oder Gebet in der Schule – oft, ohne dass die örtliche Jugendarbeit darauf aufmerksam wird. Weitere Angebote schulbezogener Jugendarbeit können sowohl Gruppenangebote im außerunterrichtlichen Bereich, zum Beispiel eine Vorbereitungsgruppe für schulische Adventsandachten, als auch offene Angebote wie ein Schülercafé oder Pausenspiele sein. Da im Schulbereich eine verlässliche Durchführung der Angebote gewährleistet sein muss, kommt schulbezogene Jugendarbeit kaum ohne Hauptamtliche aus. Wo diese für den Rahmen

Lebensraum Schule

Tage der Orientierung

sorgen, können jugendliche und erwachsene Ehrenamtliche (durchaus auch Senior*innen!) sowie Honorarkräfte und Mitarbeitende im FSJ/BFD das Team ergänzen. Die Fragen der Refinanzierung dieser Stellenanteile sind in den Bundesländern unterschiedlich (oder noch gar nicht) geklärt, oftmals unterstützt die Kommune als Schulträgerin oder auch der schulische Förderverein.

»Sind religiöse Angebote der kirchlichen Jugendarbeit an der Schule überhaupt möglich?« Die Sorge davor, sich an der Schule weltanschaulich neutral verhalten zu müssen, lässt manche kirchlichen Akteur*innen vor einem Engagement im schulischen Bereich zurückschrecken. Allerdings darf die weltanschauliche Neutralität der Schule nicht im Sinne der Sterilität, also einer Zurückhaltung gegenüber jeglicher Positionierung verstanden werden, wie auch von politischer Seite und vom Bundesverfassungsgericht verschiedentlich betont wird (vgl. Kretschmann 2014). Vielmehr ist die Schule ein Ort der Pluralität, an dem das Grundrecht der (negativen und positiven!) Religionsfreiheit in Geltung bleibt. Wenn religiöse Elemente in ihrer weltanschaulichen Ausrichtung transparent kommuniziert werden und die Teilnahme daran freiwillig bleibt, sind solche Angebote auch in der Schule möglich. Die Erfahrungen aus Pilotprojekten zeigen, dass viele Schulen dankbar für Kooperationen mit ihrem Umfeld sind und dabei auch für die kirchliche Jugendarbeit die Türen offenstehen. Über die Lehrkräfte (insbesondere Pfarrer*innen und Diakon*innen) im Religionsunterricht können Kontakte oft vertrauensvoll hergestellt werden und mit den etablierten Schul- und Schülergottesdiensten ist die Kirche ohnehin in vielen Fällen eine bekannte Partnerin im Gemeinwesen. Die faktische Offenheit der Schulen hängt allerdings stark von den zuständigen Personen in der Schulleitung ab.

Schule als Ort der Pluralität

Oftmals wird in Kooperationsprojekten zwischen Schule und evangelischer Jugendarbeit deutlich, dass die Hürden weniger in den Schulen als bei den Verantwortlichen in Gemeinden und Jugendverbänden liegen. So resümiert Markus Ocker in seiner Untersuchung zur schulbezogenen Jugendarbeit, dass die Jugendarbeit vielerorts einem »morphologischen Fundamentalismus« verfallen sei, der sich einer Veränderung traditioneller Jugendarbeitsformen und einer Öffnung zur Schule verweigere (Ocker 2019, 373). Die Chancen, jungen Menschen auch im Kontext Schule mit einer vom Evangelium geprägten Jugendarbeit zu begegnen, werden demnach noch längst nicht ausgeschöpft. Hier erweist sich, ob evangelische Jugendarbeit bereit und in der Lage dazu ist, sich auch außerhalb ihrer angestammten Orte für Jugendliche zu engagieren: Das Ziel, Jugendarbeit als Beziehungsraum zu gestalten, sollte jedenfalls nicht auf die »eigenen vier Wände« der Kirche beschränkt werden.

konkrete Angebote

Folgende Hinweise bieten eine Orientierung beim Aufbau konkreter schulbezogener Angebote:

- Starte bei naheliegenden Möglichkeiten und nutze die Gegebenheiten vor Ort: Wo gibt es bereits Berührungspunkte mit der Schule? Welche engagierten Lehrkräfte, Eltern oder Schüler*innen könnten den Kooperationsgedanken unterstützen? Beginne mit einem kleinen, vielleicht zeitlich befristeten Projekt mit einer Schule, sodass Vertrauen und Beziehungen wachsen können.
- Lasse dich fachlich beraten, um typische Stolpersteine frühzeitig zu umgehen. Mit Religionslehrkräften, Schuldekan*innen, der landeskirchlichen Schülerarbeit oder der Schüler-SMD gibt es Kontexte, die dich unterstützen können. Nutze zudem den Umstand, dass in kirchlichen Gremien zumeist Lehrkräfte und Schulleiter*innen gut vertreten sind, die ihre Expertise einbringen können.
- Liegen die Räume der kirchlichen Jugendarbeit in örtlicher Nähe zur Schule? Dann biete deren Nutzung an. Wenn Angebote schulbezogener Jugendarbeit in externen Räumlichkeiten stattfinden, entsteht von Anfang an eine andere Atmosphäre als im Klassenzimmer.
- Suche den Schulterschluss mit ökumenischen Partnern. An der Schule wird man es sich kaum leisten können, getrennte evangelische und katholische Kooperationen einzurichten. Ergeben sich Möglichkeiten auch für die interreligiöse Zusammenarbeit? Manche Schulen bieten neben kirchlich getragenen Adventsandachten auch ein Angebot, bei dem mit muslimischen Partnern das Fastenbrechen im schulischen Kontext gefeiert wird.
- Verbinde die Präsenz an der Schule mit anderen Angeboten im Jugendverband und im Gemeinwesen. Warum nicht an der Schule für eine Jugendfreizeit werben? Mache dabei deutlich, dass es dir nicht um Mitgliedergewinnung, sondern um »der Stadt (und der Schule) Bestes« (Jer 29,7) geht.

»Suchet der Schule Bestes!«

- Ergreife die Kooperationsmöglichkeiten, die sich vor Ort anbieten: Euer Materialfundus ist sicherlich beim Schulfest willkommen. Ein Infostand beim Tag der offenen Tür oder ein Cafébereich beim Elternsprechtag hilft, niedrigschwellige Begegnungspunkte mit den Verantwortlichen zu schaffen. Vielleicht ist auch die Schülervertretung dankbar über Unterstützung der Jugendreferentin bei ihrer Klausurtagung zum Thema »Partizipation«?

Viele praktische Hinweise, Thesen aus jugendverbandlicher Perspektive und gelungene Praxisprojekte finden sich über die Internetseite www.jugendarbeit-schule.de, einen Überblick zum Thema bietet Ilg u. a. 2016.

4.5 Freizeiten und internationale Jugendbegegnungen

Für viele gehören sie zum Besten, was Jugendarbeit zu bieten hat: Freizeiten sind intensive Zeiten der Gemeinschaft. Viele engagierte Erwachsene in der evangelischen Jugendarbeit nennen Erfahrungen bei Freizeiten, wenn sie danach gefragt werden, was ihre Leidenschaft für die Arbeit mit jungen Menschen geweckt hat. Wenn die Ausgangsthese dieses Buchs stimmt, dass Jugendarbeit im Wesentlichen darauf abzielt, Beziehungsräume bereitzustellen, dann stellen Jugendgruppenfahrten so etwas wie ein Gewächshaus dar, in dem die Beziehungen untereinander, aber auch die Beziehung zu Gott enorm wachsen können. Insbesondere für Formen der Spiritualität bieten Freizeiten eine Fülle von Möglichkeiten. Dazu gehören beispielsweise Tagzeitengebete, Gottesdienste in der Natur, ökumenische Begegnungen am Freizeitort oder intensive Kleingruppenphasen.

Formen der Spiritualität

Die klassische Form der Jugendfreizeit erstreckt sich über ein bis zwei Wochen in den Ferien und verbindet den Flair einer Urlaubsreise (oft am Meer, daneben aber auch sportorientiert in den Bergen oder als WG in einer Großstadt) mit inhaltlichen Impulsen, die in der Gruppengemeinschaft intensiv diskutiert werden. Sehr verbreitet und auch als Jahreshöhepunkt bestehender Gruppen gern genutzt sind Wochenendfreizeiten, die oftmals zu günstigen Preisen in einem der vielen Selbstversorgerhäuser im kirchlichen Bereich stattfinden. Die wohl am weitesten verbreitete Freizeitform stellen Konfi-Freizeiten sowie Konfi-Camps dar, die mittlerweile in fast allen Kirchengemeinden ein Highlight des Konfi-Jahres sind. Auch freizeitähnliche Formate ohne Übernachtung sind möglich: Für Kinder bieten Stadtranderholungen eine Möglichkeit, die Sommerferien mit Gleichaltrigen zu verbringen und dennoch zu Hause zu schlafen. Das umgekehrte Prinzip gilt für Wochen gemeinsamen Lebens, bei denen eine Jugendgruppe im Gemeindehaus übernachtet, tagsüber aber ihren gewohnten Aktivitäten (Schule, Ausbildung, Vereine) nachgeht.

Mit Freizeiten eng verwandt, aber um eine interkulturelle Komponente erweitert, bieten internationale Jugendbegegnungen wichtige Möglichkeiten für die Begegnung junger Menschen aus unterschiedlichen Ländern. Die bilateralen Jugendwerke wie beispielsweise das Deutsch-Französische Jugendwerk und das Deutsch-Polnische Jugendwerk, aber auch Stiftungen und kirchliche Institutionen stellen hierfür finanzielle Förderung und inhaltliche Unterstützung bereit. Ein besonderer Reiz geht von Workcamps aus, bei denen Jugendliche aus vielen Ländern zusammen an einem gemeinnützigen Bauprojekt arbeiten und sich zwischen Tapetenkleister und Bandschleifer intensiv kennenlernen. Nicht nur im Bereich der Sprachkompetenz, sondern auch in Sachen interkulturelle und politische Horizonterweiterung liegen im Feld der internationalen Jugendarbeit große Bildungspotenziale, beispielsweise zu Themen wie Nachhaltigkeit, Globalisierung oder Ökumene.

internationale Jugendbegegnungen

Die praktische Arbeit bei Jugendgruppenfahrten ist mit einer Vielfalt von Aufgaben verbunden. Viele Gemeinden führen ihre Freizeiten jedes Jahr in ähnlicher Form durch und erarbeiten sich dabei eine hilfreiche Routine im Bereich der organisatorischen Aufgaben, die Kräfte für die inhaltliche Gestaltung freisetzt. Freizeiten lassen sich nur im Team leiten und bieten zugleich Chancen, die Jugendlichen selbst in die Verantwortung einzubinden. Einige Praxistipps sollen dazu verhelfen, eine Schneise in den Dschungel möglicher Aufgaben und Themen bei Freizeiten zu schlagen:

Praxistipps

- Für den organisatorischen Bereich stellen die Dachverbände der Jugendarbeit hilfreiches Material bereit. So finden sich auf der Internetseite der aej unter www.evangelische-ferienfreizeiten.de beispielsweise der digitale Freizeitpass (ein selbst gestaltbares Formular zur Abfrage wichtiger Informationen der Teilnehmenden), das Freizeiten-Tagebuch für Leitungsteams, Informationen für eine nachhaltige Freizeitenküche, eine Übersicht über Freizeithäuser oder Tipps zur Inklusion bei Freizeiten (vgl. zur Inklusionsthematik auch Kapitel 3.7).
- Freizeiten sind eine Form von Jugendarbeit am anderen Ort und nicht »Tourismus mit einem speziellen Veranstalter«. Das wird dadurch erfahrbar, dass auch bei Freizeiten der Beziehungsaspekt im Vordergrund steht. Angesichts der vielen organisatorischen Aufgaben muss dies im Team immer wieder bewusst gehalten werden. So ist die Anfahrt mit einem Reisebus bereits als pädagogisches Setting zu verstehen: Fühlen sich alle Jugendlichen wohl, muss jemand auf-

grund von Übelkeit vorn sitzen? Wie kann mit Spielen das Kennenlernen und Miteinander der Teilnehmenden gestärkt werden? Durch das Reservieren von Sitzplätzen für Mitarbeitende kann insbesondere bei Kinderfreizeiten dafür gesorgt werden, dass alle Kinder gut im Blick sind.

- Wie wichtig der Beziehungsaspekt für die wahrgenommene Qualität ist, konnte auch empirisch gezeigt werden. In einer Auswertung von Evaluationen bei Freizeiten und Jugendbegegnungen zeigte sich, dass ein intensiver Betreuungsschlüssel mit positiven Rückmeldungen der Teilnehmenden zu fast allen Aspekten der Freizeiten einhergeht (Ilg/Dubiski 2015). Ein anzustrebender Richtwert kann bei ca. 5 Teilnehmenden pro Mitarbeiter*in liegen.

intensiver Betreuungsschlüssel

- Unerlässlich ist bei Freizeiten ein klares Konzept zur Prävention sexualisierter Gewalt. Typischerweise liegt bereits eine Vereinbarung des Trägers mit dem Jugendamt vor. Die Einsichtnahme in die erweiterten Führungszeugnisse aller Mitarbeitenden gehört bei Maßnahmen mit Übernachtung unbedingt dazu. Mindestens genauso wichtig ist es allerdings, die Fragen rund um Nähe und Distanz sowie mögliche Missbrauchsgefahren im Rahmen von Schulungen und der Freizeitvorbereitung zu thematisieren. Weitere Informationen finden sich in Kapitel 5.2.
- Jugendliche sollten die Chance erhalten, eine Rückmeldung zu geben. Mit dem System »i-EVAL« steht ein kostenfreies und leicht zu handhabendes Tool zur Evaluation von Jugendgruppenfahrten bereit (www.freizeitenevaluation.de).

Ein Einblick in die Debatten zum Arbeitsfeld Freizeiten und Jugendreisen findet sich in Drücker u. a. 2014, die Chancen der Spiritualität bei Freizeiten behandelt Ilg 2020. Praktische Tipps für die komplexen Aufgaben der Freizeitleitung bieten Knublauch u. a. 2020.

4.6 Jugendgemeinden, Jugendkirchen, Fresh Expressions of Church

Um die noch zu Beginn des 21. Jahrhunderts als wichtiges Zukunftsmodell gefeierte Form der Jugendkirchen ist es mittlerweile deutlich ruhiger geworden. Zwar zeigen einzelne Jugendkirchen die Chancen dieses Arbeitszweigs (ein Beispiel, auch mit beeindruckendem Raumkonzept, ist Lux, die Junge Kirche Nürnberg, www.lux-jungekirche.de), andere haben ihre Arbeit jedoch nach einigen Jahren wieder beendet. Im Fokus steht entweder ein umgestalteter Sakralraum, in dem Jugendliche sich mit Gottesdiensten, Kunst-Aktionen und anderen Beteiligungsformen beheimaten *(Jugendkirche)* oder – oftmals ausgehend von regelmäßigen Jugendgottesdiensten – eine enge Gemeinschaft Gleichaltriger *(Jugendgemeinde)*, wobei die Übergänge zwischen beiden Formen oft fließend sind.

Zuweilen sind solche Initiativen auch mit Gemeindegründungen oder innovativen Formen aus dem Kontext der Fresh X verbunden. Solche *Fresh Expressions of Church*, die Erfahrungen aus der anglikanischen Kirche aufnehmen, überschreiten bewusst die etablierten Form- und Stiltraditionen, um Menschen zu erreichen, die kaum Bezug zur Kirche haben. Angesichts der zunehmenden Kirchendistanz gerade junger Menschen liegen hier wichtige Chancen einer offenen kirchlichen Arbeit. Den Sorgen aus dem kirchengemeindlichen Milieu, dass dadurch Konkurrenzgemeinden entstehen, setzen die Anhänger der Fresh-X-Bewegung den Gedanken der Ergänzungsbedürftigkeit des Parochialprinzips entgegen. Die Vision von Fresh X ist eine »Kirche in doppelter Gestalt«, in der die bisherigen Parochialgemeinden von neuen Formen ergänzt werden. Dies wird mit dem Bild von Flüssen und Seen beschrieben: Fresh X

> »Ortsgemeinden entsprechen Seen. Sie sind tief, beständig, in sich ruhend, mit vielen Ressourcen (auch unter der Oberfläche). Sie ›bewässern‹ alles, was geografisch nahe ist. Um diese Seen herum grünt es. Für die weiter entfernten Gebiete braucht es aber ›Bäche und kleine Flüsse‹, die sich den Weg in dürre Gebiete suchen. Fresh X-Initiativen gleichen diesen wendigen und flexiblen Flüssen. Sie finden den Weg zu Menschen, die sich nicht zur bestehenden Kirche aufmachen. Um nachhaltig bestehen zu können, brauchen diese kleinen Flüsse aber das große Reservoir der Seen. Gleichzeitig brauchen die Seen wiederum Abflüsse und Zuflüsse, sonst versumpfen und verlanden sie. Ortsgemeinden und Fresh X-Initiativen sind zwar sehr verschieden (wie z. B. Bodensee und Rhein), gehören aber trotzdem zum gleichen ›Ökosystem‹ und helfen einander in ihren spezifischen Aufgaben und Herausforderungen« (Hirsch/Karcher 2019, 203 f.).

Der Start einer Jugendgemeinde, Jugendkirche oder Fresh X entsteht manches Mal aus einer Jugendarbeit, die zunächst im kleinen Kontext neue Wege geht. Die folgenden Hinweise können einige Impulse für eine solche Arbeit bieten:

- Oft gehen solche Initiativen von Jugendgottesdiensten aus. Wenn es gelingt, einen Jugendgottesdienst im regelmäßigen Rhythmus aufzubauen und ihn stark partizipativ zu gestalten, kann ein erster Schritt in Richtung Jugendgemeinde darin bestehen, dass die Zeit vor und nach dem »Jugo« für gemeinschaftliche Aktivitäten zur Verfügung steht. Mit Sportangeboten oder einem Caféangebot kann der Beziehungsraum Jugendarbeit gestärkt werden. Durch die enge Vernetzung der Jugendlichen untereinander entsteht ein »Gemeindegefühl«, wie es in klassischen Gemeindegottesdiensten bei jungen Menschen nur selten aufkommt.
- Das Priestertum aller Getauften kann hier besonders anschaulich umgesetzt werden: Jugendgemeinden leben von einer partizipativen Kultur und sind auf Teamwork angelegt. Zugleich sollte verdeutlicht werden, dass es nicht um eine Anti-Kultur zur etablierten Kirche geht. Ein Choral kann die Brücke zur klassischen Gottesdiensterfahrung schlagen. Ortspfarrer*in oder Superintendent*in sollten immer wieder Gottesdienste mitgestalten. So wird die Wertschätzung der »mixed economy« deutlich, also einer Kirche in doppelter Gestalt von Parochialgemeinden und neuen Gemeindeformen.

Brücken zu klassischen Gottesdiensten

- Im Bereich von Fresh X wird oft von vier Dimensionen gesprochen, die zueinander in Balance stehen müssen – IN: Gemeinschaft untereinander, OUT: missionarisches und diakonisches Anliegen nach außen, UP: Beziehung zu Christus, OF: Selbstverständnis als Teil einer vielfältigen Kirche. Ein angemessenes Verhältnis dieser Dimensionen kann als Prüfstein für Jugendarbeitsformen dienen, die sich als Jugendgemeinde oder Fresh X betrachten.

IN - OUT - UP - OF

- Bei Jugendkirchen bildet das Kirchengebäude einen wichtigen Identifikationspunkt. Wie kann der Kirchenraum, der – gerade im ländlichen Raum – oft sogar für Kirchenferne eine große Bedeutung hat, ins Spiel gebracht werden, um Jugendarbeit vital zu gestalten?

Perspektiven für Jugendgemeinden und Jugendkirchen beschreiben Büchle u. a. 2009. Praxisbeispiele für Fresh X in der Jugendarbeit finden sich unter www.freshexpressions.de sowie in Haubold u. a. 2019, eine umfangreiche Studie zu solchen Formen im Bereich junger Erwachsener hat Klug 2020 vorgelegt.

4.7 Gewinnung, Qualifikation und Begleitung von Ehrenamtlichen

In Kapitel 3.3 wurde die Bedeutung von Ehrenamtlichen für die Jugendarbeit bereits benannt. Eine zentrale Aufgabe der Hauptamtlichen besteht darin, Ehrenamtliche zu gewinnen, zu qualifizieren und zu begleiten.

Gewinnung Ehrenamtlicher

Die Gewinnung Ehrenamtlicher stellt, auch aufgrund der unvermeidlichen Fluktuation, eine der Daueraufgaben in der Jugendarbeit dar. Wichtig ist ein niedrigschwelliger Einstieg, bei dem Jugendliche projekthaft und gut begleitet an ehrenamtliche Erfahrungen herangeführt werden. Wenn die Konfirmandenzeit gemeinsam mit jungen Ehrenamtlichen durchgeführt wird, erleben evangelische 13-Jährige, wie einfach und attraktiv ehrenamtliche Mitarbeit aussehen kann. Ein Gemeindepraktikum während der Konfi-Zeit und ein attraktives Anschlussangebot, beispielsweise in Form eines Trainee-Programms für Nachwuchsmitarbeitende, erhöhen die Chance, dass aus den Konfi-Jahrgängen immer wieder Jugendliche den Weg ins Ehrenamt finden.

> Empirische Studien zeigen, dass bei jungen Menschen grundsätzlich eine große Bereitschaft für freiwillige Tätigkeiten besteht, sie aber gezielt gefragt, gut qualifiziert und wertschätzend begleitet werden wollen (Überblick: Ilg u.a. 2018).

Der Sinn des Ehrenamts darf dabei nicht lediglich als die Erfüllung einer Arbeitsaufgabe angesehen werden, vielmehr entsteht in den Ehrenamtlichenteams eine eigene Form von Jugendarbeit, deren Gruppendynamik gepflegt werden sollte, beispielsweise mit regemäßigen Mitarbeitendenfesten oder -wochenenden.

Juleica

Als bundesweiter Standard in der Qualifizierung hat sich mittlerweile die Jugendleitercard Juleica etabliert. Wer Ehrenamtliche ausbildet, sollte ihnen – ggf. in Kooperation mit einem Dachverband oder dem Kreisjugendring – die Juleica aushändigen, deren mindestens 30-stündiges Ausbildungskonzept dem üblichen Programm von Grundkursen in der evangelischen Jugendarbeit entspricht (Informationen: www.juleica.de). Neben solchen Schulungskursen sollte die Qualifizierung auch »on the job« angeboten werden. Dafür kann es hilfreich sein, dass Nachwuchsmitarbeitende zunächst einmal bei der hauptamtlichen Fachkraft hospitieren, dann einzelne Programmpunkte übernehmen und schließlich eigenständig agieren und Feedback erhalten. Zur Begleitung von Mitarbeitenden gehört es, immer wieder neue fachliche Impulse für das Arbeitsfeld anzubieten. Ebenso wichtig ist auch die persönliche Wertschätzung auf der Beziehungsebene.

Begleitung von Mitarbeitenden

Anregungen für die Begleitung von Mitarbeitenden:

- Die Bedeutung einer beziehungsorientierten Jugendarbeit sollte auch in Schulungen thematisiert werden: Feingefühl und Empathie gegenüber den Teilnehmenden lassen sich einüben, ein reflektierter Umgang mit Macht und ihren Missbrauchsgefahren sensibilisiert für die hohe Verantwortung in der Arbeit mit jungen Menschen.
- Eine zentrale Form der Begleitung ist die Wertschätzung der Person. Eine Geburtstagskarte mit individuellem Text wird als Zeichen persönlicher Verbundenheit wahrgenommen. Frage nach, wenn Ehrenamtliche Probleme mit ihrem Engagement signalisieren, und verdeutliche, dass man ein Engagement auch beenden oder – beispielsweise während der Phase von Abschlussprüfungen – damit pausieren darf. Begrüßung und Abschied von Ehrenamtlichen gehören in die Gemeindeöffentlichkeit (Gottesdienst, Sommerfest, Erwähnung im Gemeindebrief).
- Halte die Augen offen nach geeigneten Schulungen übergeordneter Verbände und empfiehl den Ehrenamtlichen, daran teilzunehmen. Selbstverständlich werden die Kosten dafür von der Gemeinde bzw. vom Jugendverband übernommen.
- Bringe (auch jungen!) Mitarbeitenden ein hohes Vertrauen entgegen, das sich ganz praktisch niederschlägt: Händige einen Schlüssel für die Jugendräume aus, biete an, dort einmal im Jahr auch eine private Party durchzuführen. Delegiere Macht in die Hände junger Menschen! Traue Mitarbeitenden neue Aufgaben zu und stärke ihnen hierfür den Rücken.

Macht delegieren

- Das Modell regelmäßiger Personalentwicklungsgespräche hat im kirchlichen Bereich zu einem besseren Austausch in professionellen Teams gesorgt. Warum sollte Ähnliches nicht auch mit Ehrenamtlichen durchgeführt werden? Biete immer wieder die Möglichkeit, dass Mitarbeitende im Gespräch unter vier Augen eine Rückmeldung zu ihrer Arbeit geben können, und nutze dies für einen ausdrücklichen Dank.
- Sorge für eine gute Grundausstattung an Literatur, Medien und Materialien. Die Empfehlungen im Anhang 7.1 ab S. 121 bieten dafür konkrete Vorschläge. Stelle zudem Budgets für Ausgaben in eigener Verantwortung der Ehrenamtlichen bereit.

- Sorge dafür, dass die Mitarbeitenden auch einen »Benefit« von ihrer Tätigkeit mitnehmen: Informiere dich über die Vergünstigungen für Juleica-Inhaber*innen in eurer Region (z.B. verbilligte Eintritte im Schwimmbad). Schreibe bei Bedarf ein Zeugnis für die ehrenamtliche Tätigkeit. Gib immer wieder Rückmeldung, wo du besondere Stärken und Schwächen siehst (auch für die berufliche Entwicklung, vielleicht sogar im kirchlichen Dienst?), an denen es sich zu arbeiten lohnt.

Das Buch zum Trainee-Programm (Röcker/Körner 2019) zeigt zentrale Themen und Arbeitsformen für eine grundlegende Schulung von Ehrenamtlichen in der Jugendarbeit auf, ebenso die Juleica-Handbücher vieler Landesjugendringe.

4.8 Musik – Lobpreis als neue Monokultur?

Wie kaum ein anderer Lebensbereich steht Musik für den kulturellen Wandel zwischen Generationen. Während für traditionelle Kirchgänger*innen die Orgel untrennbar mit dem Gottesdienst verbunden ist, symbolisiert sie für viele junge Menschen den Klang vergangener Jahrhunderte, der kaum Anknüpfungspunkte zu zeitgemäßen Stilformen bietet. Einig sind sich die Generationen darin, dass der Glaube durch Musik in besonders intensiver Weise zum Ausdruck kommen kann. Wie kann vor diesem Hintergrund die Zukunftsmusik für evangelische Jugendarbeit klingen?

Zur Beantwortung dieser Frage hilft ein Blick auf veränderte Musikgewohnheiten: Jugendliche nutzen Musik oftmals gezielt im Sinne eines *mood management*. Über eigens definierte Playlists, beispielsweise auf Spotify®, werden Lieder gezielt eingesetzt, um einer bestimmten Stimmung Ausdruck zu verleihen oder diese Stimmung zu erzeugen. Die zunehmend individualisierte Nutzung von Musik, die über Smartphones stets verfügbar ist und per Kopfhörer zumeist einzeln gehört wird, stellt eine Herausforderung für die klassischen Einsatzformen musikalischer Elemente in der Jugendarbeit dar. Der gemeinschaftsbildende Aspekt früherer Lagerfeuer-Hits kann nicht mehr selbstverständlich vorausgesetzt werden. Gemeinsames Singen ist für viele Jugendliche ungewohnt, das allen bekannte Liedgut wird dünner.

mood management

Parallel zu dieser gesellschaftlichen Entwicklung, die das gemeinsame Singen insgesamt betrifft, veränderte sich auch die christliche Musikszene. In einigen Bereichen der evangelischen Jugendarbeit wird Musik nahezu gleichgesetzt mit Lobpreis bzw. Worship. Als Vorbilder fungieren professionelle Bands, die für den Gottesdienst ihrer jeweiligen Megachurch eine zentrale Rolle spielen. Dazu gehören beispielsweise die Bethel Church (USA), Hillsong (Australien), Soul Survivor (England), ICF – International Christian Fellowship (Zürich/Schweiz), aber auch deutsche Bewegungen wie SoulDevotion, die Outbreakband oder Könige & Priester. Mit der Liederbuchreihe »Feiert Jesus« hält die Lobpreismusik seit Mitte der 1990er-Jahre in Jugendgottesdiensten, Jugendgruppen und bei Freizeiten Einzug.

Nicht nur bei Anhänger*innen traditioneller Choralmusik, auch bei älteren Jugendarbeitsverantwortlichen, die mit Liedermachern wie Manfred Siebald oder Fritz Baltruweit groß geworden sind, verursacht die Worship-Bewegung vielfach ein Gefühl der Befremdung. Hilfreich ist es – wie bei allen anfangs befremdlichen Begegnungen – zunächst einen Blick auf die Stärken dieses Phänomens zu werfen. Eine theologische Wiederentdeckung der Lobpreismusik besteht darin, dass nicht mehr nur *über* Gott, sondern verstärkt *zu* Gott gesungen wird.

> Lobpreislieder verstehen sich also weniger als Begleitmusik des eigenen Glaubens, in ihnen ereignet sich die Gottesbeziehung.

In den Texten steht – ganz im Einklang mit der allgemeinen Individualisierung – der einzelne Mensch im Vordergrund: Das fromme Ich tritt in Kontakt mit »meinem Gott«, die 1. Person Singular ist das vorherrschende Subjekt sowohl deutscher als auch englischer Lobpreislieder. Zudem wird ein Aspekt betont, der gerade in der reformatorischen Nüchternheit häufig zu kurz kam: Im Lobpreis wird dem emotionalen Erlebnis der Gottesnähe auch körperlich Ausdruck verliehen – was vielerorts durch erhobene Arme und andere körperliche Gesten zum Ausdruck gebracht wird. Bei hochreligiösen Jugendlichen werden Lobpreiszeiten als die wichtigste Quelle des Glaubens, wichtiger als Gebet und Bibellesen, beschrieben. Solche Wahrnehmungen veranlassten das Autorenteam einer empirischen Studie gar, solche intensiv glaubenden jungen Christ*innen als »Generation Lobpreis« zu bezeichnen (Faix/Künkler 2018).

körperlicher Ausdruck von Emotionen

So beliebt die Worship-Bewegung bei den einen ist, so irritierend erleben andere diese neue Art der Musik. Sie empfinden Lobpreis als Mittel zur Emotionalisierung, werfen den Texten eine unreflektierte Theologie und eine unzeitgemäße Bildersprache (Lamm, Thron, Blut) vor. Kritisiert wird die Einseitigkeit der Liedtexte, bei denen es häufig um das Feiern der intensiven Gottesbeziehung, selten aber um die Erfahrung von Brüchen im Glauben und Leben oder den christlichen Auftrag der Nächstenliebe geht.

Welche Art der Musik ist für eine gelingende evangelische Jugendarbeit im 21. Jahrhundert nun zu empfehlen: Bach oder Bethel Church? Eine Lösung lässt sich nur da finden, wo die verschiedenen Seiten nicht unversöhnlich auf die Probleme der jeweils anderen Liedkultur schauen, sondern neugierig danach suchen, was es jenseits des jeweils Vertrauten zu entdecken gibt. Als Kriterium für die Liedauswahl sollte nicht die Vorliebe der Mitarbeitenden, sondern die Funktion der Musik für die Zielgruppe dienen. Eine grundlegende soziale Funktion des Singens besteht zunächst einmal darin, Zugehörigkeit zu vermitteln. Eine Jugendgruppe, die für andere offen ist, wird daher nicht nur »Insider-Songs« singen, sondern bewusst auch Lieder, die auch mögliche neue Gruppenmitglieder kennen – aus den Charts, aus der Konfi-Arbeit oder woher auch immer (und wenn es »Marmor, Stein und Eisen bricht« ist!). Die geistliche Funktion der Musik besteht darin, dem Glauben Ausdruck zu verleihen und ihn zu stärken. Weil Menschen verschieden glauben, sollte hierbei eine Palette unterschiedlicher Glaubenslieder angeboten werden, nicht nur im Blick auf die Texte, sondern auch auf die in der Melodie ausgestrahlten Stimmungen. Zum Reichtum der Musik gehört es, dass musikalische Formen bewusst für die jeweils eigene Sinndeutung offengehalten werden können. Auch Instrumentalmusik, egal ob aus dem klassischen oder dem popularmusikalischen Bereich, kann in die Jugendarbeit integriert werden – insbesondere dann, wenn die Jugendlichen selbst das Musizieren übernehmen.

soziale Funktion

geistliche Funktion

Musik in der Jugendarbeit – einige Praxistipps:

- Zum Einstieg ins gemeinsame Singen sollten Lieder gewählt werden, die möglichst alle kennen. Erst wer sich »warm gesungen« hat, ist offen für neue Lieder. Halte eine innere »Hitliste« von Liedern (samt Nummern im Liederbuch) für deine Gruppe im Hinterkopf, mit denen der Einstieg ins Singen garantiert gelingt. Vermeide Singeinstiege mit der Frage: »Wer hat einen Liedwunsch?«
- Musikalische Begleitung ist keine Nebensache. Wer nicht selbst Gitarre oder Klavier spielt, suche sich eine begabte Person, am besten aus der Reihe der Jugendlichen. Bevor ganz auf das Singen verzichtet wird, ist auch denkbar, beispielsweise mit Instrumental-CDs zu arbeiten, die das Gruppensingen ohne eigene Instrumente ermöglichen.

- Zur Wertschätzung der Musik gehört, die Musizierenden zu unterstützen. Warum muss die Jugendgottesdienst-Band die Ersatzsaiten für ihre Gitarre selbst finanzieren, während die Organistin für jeden Sonntagsgottesdienst bezahlt wird?

Liederbücher

- Die Wahl des Liederbuchs hat prägende Wirkung auf die Musikkultur einer Jugendarbeit. Wer nur »Feiert Jesus« im Gruppenraum lagert, darf sich nicht wundern, warum neu hinzukommende Jugendliche das Singen mit dicken Fragezeichen im Gesicht quittieren. Liederbücher wie »DAS LIEDERBUCH« mit einer Mischung aus geistlichem und weltlichem Liedgut sorgen dafür, dass die Musik an vielfältige Lebenswelten anknüpfen kann. Eine Auswahl empfehlenswerter Liederbücher aus verschiedenen Hintergründen findet sich im Anhang 7.2.
- Gute Rahmenbedingungen fördern das gemeinsame Singen und Musizieren. Konnten die Instrumente vorab gestimmt werden? Sind genügend Liederbücher vorhanden? Entsprechen die Liedtexte auf der Leinwand der Version, die die Band vor sich hat? Sind die Beamer-Verantwortlichen geübt darin, die Folien in der richtigen Reihenfolge und früh genug »weiterzuklicken«? Investiere in Material und Technik, setze für Veranstaltungen geeignete Computerprogramme (beispielsweise »Songbeamer« oder »Open LP«) ein.

Material und Technik

- In der Jugendarbeit geht es nicht in erster Linie um Leistung, sondern um Partizipation, das gilt auch für die Musik. Das Beispiel der Ten-Sing-Bewegung im CVJM zeigt: Auch wenn nicht jede Note exakt getroffen wird, hat gemeinsames Musizieren großes Potenzial zur Stärkung der Gruppengemeinschaft. Geh auf einzelne Jugendliche zu und ermuntere sie, sich in der Jugendarbeit einzubringen – egal ob mit Ukulele oder Geige.
- Um Liedtexte bewusst zu erschließen, eignet sich eine Andachtsreihe zu Liedern. Ermuntere die Jugendlichen, beim Gruppenabend jeweils ein Lieblingslied vorzustellen (per Handy und Aktivbox oder selbst gesungen) und zu sagen, welche Aussage daraus ihnen besonders wichtig ist. So kann, vonseiten der Teilnehmenden und der Mitarbeitenden, eine große Vielfalt in den Blick kommen. Auch ein kritischer Blick auf Liedtexte kann helfen. Niemand sollte beim Singen zum Lügen gezwungen werden, was im Hinblick auf manche Glaubenslieder rasch passieren kann.
- Mute Jugendlichen und Erwachsenen immer wieder den Blick über den eigenen musikalischen Horizont hinaus zu. Ein Cello-Trio kann den Jugendgottesdienst genauso bereichern wie die Konfi-Band den

Heiligabendgottesdienst. Nicht zuletzt sind die Posaunenchöre vielerorts mit Musizierenden aus unterschiedlichsten Generationen besetzt – ein Glücksfall!

- Musik kann auch über die kirchlichen Grenzen hinaus verbinden. Warum nicht die Blaskapelle des Musikvereins bitten, beim gemeindlichen Sommerfest aufzutreten? Die Zusammenarbeit mit Gemeinden anderer Sprache und Herkunft oder mit internationalen Vereinen gelingt ebenfalls besonders gut über die Weltsprache Musik.

Musik verbindet – auch außerkirchlich

- Einzelne Landeskirchen haben mit einer »Kernliederliste« einen Grundbestand von bekannten Liedern aus allen Epochen zusammengestellt, die eine Verbindung zwischen Menschen unterschiedlicher Generationen herstellen können. »Vom Aufgang der Sonne«, »Ich lobe meinen Gott« oder »Von guten Mächten« sind hier zu finden – Lieder, die auch für Jugendliche anschlussfähig sind, nicht zuletzt, weil sie eine Brücke zwischen Kindergottesdienst, Religionsunterricht, Jugendarbeit und Sonntagsgottesdienst schlagen.

Die Frage nach der »Zukunftsmusik« in der evangelischen Jugendarbeit wird in einer lesenswerten Broschüre (EJW 2020) diskutiert – viele Anregungen des vorliegenden Kapitels verdanken sich diesen Impulsen. Fundquellen für Lieder finden sich hier im Buch ab S. 122.

4.9 Die Fülle der Arbeitsformen – Kunst, Kultur, Sport, Erlebnispädagogik & Co

Weil Jugendarbeit zunächst keine Frage der Methoden, sondern der Haltung ist, lässt sich eine fast unbegrenzte Fülle an Gestaltungsformen einsetzen. Aus Platzgründen werden diese hier nur überblicksartig benannt und mit weiterführenden Hinweisen sowie Literaturempfehlungen verbunden.

Sport

Dass Sport Menschen bewegt (vgl. Struve/von Münster 2021), gilt in nahezu allen gesellschaftlichen Milieus. In der Geschichte der christlichen Jugendarbeit nehmen Sportangebote einen besonderen Platz ein. So liegen im amerikanischen YMCA die Wurzeln so bekannter Sportarten wie Basketball oder Volleyball. Im deutschen CVJM spielt die Sportarbeit, zuweilen unter dem Begriff »Eichenkreuz« gefasst, bis heute eine zentrale Rolle – nicht zuletzt, weil hier die Einheit von Körper, Geist und Seele zum Ausdruck kommt, die das CVJM-Dreieck symbolisiert. Auch wenn in vielfältigen Disziplinen Wettkampfsport betrieben wird, steht zumeist der gesellige Aspekt im Vordergrund: Sport ist eine Ausdrucksform, die man ohne viele Worte versteht, er eignet sich besonders für offene Angebote – und ist eines der wenigen Felder im kirchlichen Bereich, bei dem nicht sprachliche Kompetenzen über Erfolg und Anerkennung entscheiden. Der Breitensportansatz nach dem Motto »Erlebnis geht über Ergebnis« bietet auch Potenzial für inklusive Sportangebote, die zukünftig noch stärker umgesetzt werden könnten.

Erlebnispädagogik

Eine große Nähe zur Sportarbeit hat auf den ersten Blick die Erlebnispädagogik. Vielfach wird sie mit abenteuerlichen Aktionen wie Felsenklettern oder Kajakfahren assoziiert. Im Kern geht es hier jedoch zunächst nicht um »Action«. Die genannten Natursportarten werden nur deshalb gern im Bereich der Erlebnispädagogik eingesetzt, weil sie Chancen für Erlebnisse bieten, die sich durch Reflexion zu Erfahrungen und schließlich zu Erkenntnissen für das Leben verdichten können. Als wichtiger Vordenker der Erlebnispädagogik hat Kurt Hahn (1886–1974) den von ihm diagnostizierten »Verfallserscheinungen« seiner Zeit vier »Therapien« entgegengesetzt, die bis heute bedeutsam sind. Dazu gehören *körperliches Training* (gegen den Verfall der körperlichen Tauglichkeit), die *Expedition* (gegen den Mangel an Initiative und Spontaneität), Arbeiten in *Projekten* (gegen den Mangel an Sorgsamkeit) und der *Dienst am Nächsten* (gegen den Mangel an menschlicher Anteilnahme). In der Jugendarbeit werden Ansätze der Erlebnispädagogik vielfach aufgenommen und mit spirituellen Aspekten zu einer *Erlebnispädagogik im christlichen Kontext* verbunden (vgl. als allgemeine Einführung: Michl 2015; für den christlichen Kontext: Fachausschuss Erlebnispädagogik 2019).

künstlerische und ästhetische Arbeitsformen

Das breite Feld künstlerischer und ästhetischer Arbeitsformen kann hier nur angedeutet werden: Die kulturelle Jugendbildung reicht von Theater und Tanz über Musik bis zu bildenden Künsten oder Multimedia-Aktionen. Hier kommt das Lernen mit Kopf, Herz und Hand in besonderer Weise zum Ausdruck. Manche Jugendliche, die in anderen Formen der Jugendarbeit nicht recht »landen« können, blühen bei kreativen Ausdrucksformen auf. Im schöpferischen Umgang mit eigenen, auch neu zu entdeckenden Talenten bauen junge Menschen Selbstbewusstsein auf und üben soziale Kompetenz ein. Entscheidend ist auch hier, dass kein Leistungsdruck entsteht, sondern die*der Einzelne sowie die Beziehungen untereinander im Mittelpunkt stehen. Häufig befinden sich kulturelle Jugendaktivitäten im Dilemma, dass zu wenig Ressourcen zur Verfügung stehen, um künstlerisch und pädagogisch versierte Personen zu engagieren. Die Suche nach Fördergeldern und Sponsoren, die für dieses Feld besonders dringend benötigt werden, gelingt oft leichter als gedacht!

Einige praktische Hinweise rund um die Fülle der skizzierten Methoden seien abschließend benannt:

- Tritt nicht in Konkurrenz zu existierenden Vereinen, sondern kooperiere mit ihnen. Wenn der örtliche Sportverein eine Handballabteilung hat, muss der CVJM das nicht doppeln. Aber vielleicht bietet er Bogenschießen für Menschen mit und ohne Rollstuhl an – und schließt damit eine Angebotslücke, wofür der Sportverein gern sein Sportgelände bereitstellt.
- Nutze überregionale Angebote und Unterstützungsstrukturen im Sportbereich. So bietet der »Konfi-Cup« in vielen Landeskirchen Jahr für Jahr die Möglichkeit, über Fußballturniere in Begegnung mit anderen Konfi-Gruppen zu kommen und den Teamspirit zu stärken.
- Sei experimentierfreudig. Gib Trendsportarten, kreativen Kunsttechniken oder ungewöhnlichen Musikformaten eine Chance, sofern Einzelne hierzu Lust und Begabung mitbringen. Signalisiere kreativen Menschen, dass auch neuartige Angebote im Raum der kirchlichen Jugendarbeit willkommen sind – auch Scheitern ist erlaubt!
- Bleibe gelassen im Blick auf Leistungsansprüche. Auch ganz niedrigschwellige Angebote sind »künstlerisch wertvoll«: Insbesondere bei Kindern ist die Bereitschaft hoch, sich in einem Zirkusprojekt oder einer Bodypainting-Aktion ohne Vorkenntnisse auf neue Ausdrucksformen einzulassen und das Erarbeitete in einer kleinen Veranstaltung sichtbar zu machen.

niedrigschwellige Angebote

- Setze erlebnispädagogische Übungen und kooperative Abenteuerspiele ein, die oft auch mit wenig Material und ohne spezielle Schulungen umzusetzen sind (zentrale Fundgrube: Gilsdorf/Kistner 2018). Nutze dabei die Chance, durch Reflexionsfragen und Transfer zu thematischen Impulsen und Einsichten zu gelangen, sodass Erlebnisse zu Erfahrungen werden.
- Nutze die Begabungen und Leidenschaften der Personen vor Ort. Die Jugendreferentin hat einen Segelschein? Segelfreizeit im Sommer! Ein Jugendkreismitglied studiert Forstwirtschaft? Wochenende mit Anlegen eines Biotops! Die Mutter einer Konfirmandin kann töpfern? Gestaltet mit ihr Abendmahlskelche bei der Konfi-Freizeit! Sprich Menschen konkret auf ihre Gaben an und du wirst überrascht sein, wie viele zur Mitarbeit bereit sind.

von vorhandenen Ressourcen ausgehen

- Geh von vorhandenen Ressourcen aus: Der verstaubte Jugendkeller könnte zum Band-Probenraum werden. Vom Kirchturm lässt es sich beim Dorffest prima abseilen. Eine Nacht in der Kapelle mit Orgelmusik zum Einschlafen bietet neue Perspektiven auf den sakralen Raum und seine Klänge – die kirchlichen Gebäude bieten vielfältige Potenziale, wenn man über die üblichen Nutzungskonzepte hinausdenkt.

5 Besondere Herausforderungen

Abschließend sollen noch drei besonders herausfordernde Situationen beschrieben werden, die sich in der Jugendarbeit ergeben können. Sie erfordern besondere Fachkenntnisse und sollten daher in der Regel durch eine hauptamtliche Person verantwortet oder zumindest begleitet werden.

5.1 Jugendliche in Krisensituationen begleiten

Im Beziehungsraum Jugendarbeit geschieht es immer wieder, dass Jugendliche sich öffnen. Mitarbeitende erhalten dann Einblick in Sorgen, die junge Menschen sich zunächst nicht anmerken lassen. In der Schule, der Fußballmannschaft oder ihrer Clique fehlt ihnen oft die Atmosphäre, um auch die schwierigen Erfahrungen des Lebens zu thematisieren. Dabei sind es nicht wenige, die unter den Spannungen im Elternhaus leiden, die mit Magersucht und anderen psychischen Erkrankungen kämpfen oder die über den Tod eines lieben Menschen nicht hinwegkommen.

Jugendseelsorge

Christliche Jugendarbeit versteht sich mit ihrem Fokus auf Beziehungen auch als Ort der Jugendseelsorge (vgl. Günther 2018; für die katholische Jugendarbeit: Höring 2017). Mithilfe der altkirchlichen Unterscheidung kann dabei zunächst die gesamte Jugendarbeit als eine Form der allgemeinen Seelsorge (*cura animarum generalis*) verstanden werden. Ein Treffen in der Jugendgruppe hat auch dann seelsorgerlichen Wert, wenn dabei keine explizit seelsorgerlichen Gespräche geführt werden. Das Erleben von Gemeinschaft, ein Impuls zu einem Bibeltext, Musik und Lieder, aber auch die Gespräche, die auf dem Heimweg noch informell zu zweit oder zu dritt geführt werden: All dies trägt dazu bei, dass Jugendliche sich als von Gott geliebt und von einer Gemeinschaft getragen erleben. Daneben bieten insbesondere intensivere Zeiten in der Jugendarbeit auch einen Raum für die *cura animarum specialis,* also für dezidierte seelsorgerliche Begegnungen, in denen vertrauliche Themen zur Sprache kommen. Damit es zu solchen Begegnungen kommen kann, benötigen Mitarbeitende eine sensible Wahrnehmungsfähigkeit für die manchmal eher leisen Signale, die Jugendliche senden, wenn es ihnen schlecht geht.

In der Regel entstehen tiefere Gespräche auf der Basis einer vertrauensvollen längeren Beziehung. Eine akute Krisenerfahrung kann dazu führen, dass ein*e Jugendliche*r das konkrete Gespräch sucht. Manchmal wird das Bedürfnis nach einem solchen Gespräch auch durch einen Themenabend geweckt, weil eine Glaubensfrage, eine schwierige Lebenserfahrung oder etwas anderes aufbricht. Solche ehrlichen Momente fallen Jugendlichen – genauso wie Älteren – nicht leicht. Damit seelsorgerliche Gespräche in einem vertraulichen und schamfreien Raum geführt werden können, sind bestimmte Rahmenbedingungen entscheidend. Ein Mitarbeitendenteam kann, beispielsweise bei einer Freizeit, für einen solchen Rahmen sorgen. Auf die Bereitschaft zu vertraulichen Gesprächen kann ausdrücklich hingewiesen werden – natürlich ohne damit bedrängend zu wirken. Bei der Programmplanung sollten Mitarbeitende die Aufgaben so aufteilen, dass prinzipiell Gelegenheit bleibt, um ins lockere Gespräch zu kommen, beim Billardtisch »herumzuhängen« oder einen Spaziergang anzubieten.

Rahmenbedingungen

Mancherorts werden gute Erfahrungen auch mit ausgewiesenen Gesprächsmöglichkeiten, beispielsweise im Kontext des Angebots einer persönlichen Segnung oder bei einem Stationengottesdienst gemacht. Öffnen sich Jugendliche bei diesen Gelegenheiten, werden oftmals innere Nöte deutlich, die zeigen, was sich hinter der manchmal nur mit viel Anstrengung aufrechterhaltenen Fassade scheinbarer Normalität verbirgt.

Vertraulichkeit

Die wichtigste Aufgabe der Jugendseelsorge besteht im aufmerksamen und zugewandten Zuhören. Dass Vertraulichkeit zu wahren ist, versteht sich für geübte Seelsorger*innen von selbst und sollte ehrenamtlichen Mitarbeitenden (auch sie können seelsorgerliche Funktionen wahrnehmen!) in Schulungen ausdrücklich vermittelt werden. Tritt in einem Seelsorgegespräch eine schwere Krise zutage, sollte mit dem*der Jugendlichen nach einem Weg gesucht werden, wie mit den benannten Problemen umgegangen werden kann. Jugendarbeit kann keine Psychotherapie bieten und muss sich ihrer Grenzen bewusst bleiben. Eine wichtige Aufgabe in der Jugendseelsorge besteht dann darin, zu einem Erstkontakt mit dem professionellen Hilfesystem (psychologische Beratungsstelle, Jugendamt, Schulpsycholog*in usw.) zu ermutigen.

Erstkontakt mit dem professionellen Hilfesystem

Wo junge Menschen sich im Kontext der Jugendarbeit anderen anvertrauen, geschieht eine Kernaufgabe kirchlicher Arbeit, die mit Kompetenz, Zuwendung und Gottvertrauen angenommen werden kann.

Zugleich sind solche seelsorgerlichen Begegnungen mit einer hohen Verantwortung verbunden. Haupt- und Ehrenamtliche, die junge Menschen in Krisenzeiten unterstützen, sollten auch auf die eigene Seele achten und Supervision und Fortbildung in Anspruch nehmen. Wo Nähe und Vertrautheit entstehen, müssen zugleich auch die Gefahren bewusst bleiben, die von einem möglichen Missbrauch solcher Vertrauensbeziehungen ausgehen können. Dieser Thematik widmet sich das folgende Kapitel.

5.2 Kinderschutz und Prävention sexualisierter Gewalt

Mediale Berichte über Vorfälle mit sexualisierter Gewalt im Kontext der Kinder- und Jugendarbeit zeigen in verstörender Weise auf, wie die Nähe und Beziehungsorientierung, die zu diesem Arbeitsfeld gehören, missbraucht werden können. Für die jungen Betroffenen bedeuten solche Erfahrungen eine massive seelische, soziale und körperliche Verletzung, für die Kirche steht mit jedem dieser Vorfälle ihre Glaubwürdigkeit auf dem Spiel. Seit dem Beginn des 21. Jahrhunderts wird mit gesetzlichen sowie pädagogischen Maßnahmen versucht, den Schutz junger Menschen vor sexualisierter Gewalt zu verbessern. Mittlerweile gehört die Thematik zum Grundstandard der Ausbildung von Haupt- und Ehrenamtlichen.

Straftaten gegen die sexuelle Selbstbestimmung

Zunächst lohnt ein Blick in das Strafgesetzbuch (StGB), das in den §§ 174 bis 184l die Straftaten gegen die sexuelle Selbstbestimmung beschreibt. Gemäß § 176 ist jede sexuelle Handlung an einer Person unter 14 Jahren strafbar. Erlangen Mitarbeitende beispielsweise im Kontext einer Freizeit Kenntnis von erotischen Kontakten zwischen einem 15-Jährigen und einer 13-Jährigen, muss eingeschritten werden, auch wenn es sich um einvernehmliche Sexualkontakte zwischen den beiden handelt. Für die Jugendarbeit besonders relevant ist § 174 StGB, der den sexuellen Missbrauch von Schutzbefohlenen regelt. Sollten Mitarbeitende zu den ihnen anvertrauten Jugendlichen sexuelle Kontakte aufbauen, ist dies strafbar. Insbesondere im Kontext von Jugendarbeitsaktivitäten mit Übernachtung wird zudem § 180 StGB relevant, der die Förderung sexueller Handlungen Minderjähriger unter Strafe stellt. Ein solcher Fall wäre beispielsweise gegeben, wenn die Freizeitleitung einer verliebten 15-Jährigen und ihrem 17-jährigen Freund augenzwinkernd eine ungestörte Nacht in einer abseits gelegenen Hütte verschafft. Die Mitarbeitenden würden hierbei wegen des Vorschubleistens sexueller Handlungen bei unter 16-Jährigen mit einer Freiheitsstrafe bestraft, obwohl der einvernehmliche Geschlechtsverkehr zweier Personen über 14 Jahre nicht per se verboten ist.

Wie bei vielen anderen rechtlichen Fragestellungen muss beim Thema »Sexualität« in jedem Einzelfall abgewogen werden, was verantwortbar erscheint und was nicht. So sollte die Unterbringung bei Gruppenfahrten grundsätzlich nach Mädchen und Jungen getrennt erfolgen, nicht nur um sexuellen Handlungen keinen Vorschub zu leisten, sondern auch, um allen einen Ort der Privatsphäre (Umziehen, Schminken usw.) zu bieten. Dennoch kann es vorkommen, dass beispielsweise bei einer Skihütte mit Massenlager nur ein gemeinsamer Schlafraum für alle zur Verfügung steht. Dies ist grundsätzlich möglich, sollte aber vorab mit den Teilnehmenden und insbesondere deren Eltern geklärt werden, um die elterlichen Erziehungsgrundsätze nicht zu unterlaufen.

Insgesamt sind die Übergänge zwischen Grenzverletzungen, übergriffigem Verhalten und tatsächlich strafrechtlich relevantem Missbrauch fließend. Nicht jede Form des Körperkontakts ist tabu. In vielen sozialen Situationen oder auch beim Sport gehören Berührungen, Umarmungen und körperbetonte Spiele dazu. Dies kategorisch zu verhindern wäre realitätsfern und kontraproduktiv. Ein Kind mit Heimweh darf in den Arm genommen werden, wenn es das möchte. Solange individuelle Grenzen erfragt und respektiert werden, ist gegen einen normalen Umgang mit körperlicher Nähe nichts einzuwenden. Entscheidend ist ein genaues Hinschauen, ein enttabuisierter und (selbst-)kritischer Austausch im Team und das Wissen um kompetente Unterstützung in den Dachverbänden der Jugendarbeit. Ausführliche Darstellungen zur rechtlichen Einschätzung solcher Situationen finden sich in Wilka/Schmidt (2018, 113–118), dort sind auch einige der hier angedeuteten Konstellationen breiter ausgeführt.

Schutzauftrag bei Kindeswohlgefährdung

Eine wichtige Thematik im Kontext der Missbrauchsdiskussion bezieht sich auf den Schutzauftrag bei Kindeswohlgefährdung, der in § 8a SGB VIII geregelt ist. Hier geht es vornehmlich um sexuelle Übergriffe im häuslichen Umfeld – die mit Abstand häufigste Konstellation sexualisierter Gewalt. Wenn im Kontext der Kinder- und Jugendarbeit Anhaltspunkte für die Kindeswohlgefährdung erkennbar werden, beispielsweise weil eine Teilnehmerin von der Vergewaltigung durch ihren Vater berichtet, so muss reagiert werden. Hierfür sieht der § 8a die Kontaktaufnahme mit einer »insoweit erfahrenen Fachkraft« vor. Solche Fachkräfte lassen sich entweder über die Verbandszentralen der Jugendarbeit oder über das zuständige Jugendamt finden. Einzelheiten sind nach § 8a (4) in den Vereinbarungen mit den freien Trägern zu regeln.

Ebenfalls im Kontext des Kinderschutzes wurde der § 72a in das SGB VIII aufgenommen, der für bestimmte Tätigkeiten im Kontext der Kinder- und Jugendhilfe ein erweitertes Führungszeugnis vorsieht. Ziel dieses Paragrafen ist der Tätigkeitsausschluss einschlägig vorbestrafter Personen. Dieses wichtige Ziel hat allerdings zu einem aufwändigen bürokratischen Verfahren geführt. Folgende Verfahrensschritte sind vorgesehen:

erweitertes Führungszeugnis

- Der Träger der öffentlichen Jugendhilfe (Jugendamt) schließt mit den freien Trägern (Kirchengemeinden, Jugendverbände) eine Vereinbarung. Darin ist benannt, bei welchen Tätigkeiten die Vorlage eines erweiterten Führungszeugnisses notwendig ist. Dies bemisst sich nach Art, Intensität und Dauer des Kontakts mit jungen Menschen. Der Getränkeverkauf beim Jugendfestival fällt sicherlich nicht darunter, die Mitarbeit bei einer Jugendfreizeit dagegen unbedingt.
- Der freie Träger bittet seine haupt- und ehrenamtlichen Mitarbeitenden, ein erweitertes Führungszeugnis einzuholen. Hierfür erstellt er ihnen ein Schreiben mit Bezug auf § 72a SGB VIII zur Vorlage beim Amt.
- Die Haupt- bzw. Ehrenamtlichen beantragen beim Einwohnermeldeamt ein erweitertes Führungszeugnis. Bei Vorlage des Trägerschreibens erhalten sie dieses kostenfrei per Post zugeschickt (Dauer ca. zwei bis drei Wochen).
- Die Mitarbeitenden legen das erweiterte Führungszeugnis beim Träger vor. Der Träger notiert sich in einer Liste bei allen Mitarbeitenden, dass keine einschlägigen Sexualstraftaten vorliegen, er darf das erweiterte Führungszeugnis jedoch nicht einbehalten. Eine Erneuerung der Einsichtnahme ist regelmäßig (üblicherweise alle fünf Jahre) vorgesehen.
- Im (sehr seltenen Fall) eines einschlägigen Eintrags im Führungszeugnis muss die Mitarbeit unverzüglich beendet werden.

Die Sinnhaftigkeit der erweiterten Führungszeugnisse wurde und wird in der Jugendarbeit intensiv diskutiert. Der bürokratische Aufwand ist enorm und passt oft nur schwer zur Praxis der Jugendarbeit, beispielsweise wenn kurzfristig Ersatz für eine erkrankte Freizeitmitarbeiterin gesucht wird und die Zeit zum Einholen eines Führungszeugnisses nicht mehr ausreicht. Zudem erscheint es nicht gerade einladend, wenn eine der ersten Fragen an neue Ehrenamtliche lautet, ob sie vielleicht Sexualstraftaten begangen haben. Die konkreten Verfahrensschritte werden in den Landkreisen jeweils eigenständig geregelt und sollten auch solche pragmatischen Fragen im Blick haben. Entscheidend ist, dass durch den bürokratischen Aufwand der Führungszeugnisse nicht das eigentliche Anliegen aus dem Blick gerät. Um der Gefährdung durch sexualisierte Gewalt wirksam zu begegnen, ist der Ausschluss vorbestrafter Personen nur ein Puzzlestein. Unverzichtbar ist die Sensibilisierung für das Thema in pädagogischen Schulungen, die in manchen Jugendverbänden auch mit Selbstverpflichtungen verbunden werden. Ausführliche Informationen zum Thema »Kinderschutz und Führungszeugnisse« sind in Wilka/Schmidt (2018, 39–43) zu finden. Die Dachverbände der Jugendarbeit stellen Broschüren und Vorlagen zu diesem Thema bereit (exemplarisch: Büchle/Ulmer 2018).

Sensibilisierung

5.3 Mit der Jugendarbeit bei null anfangen – auch in der »Nach-Corona-Zeit«

Viele Kapitel dieses Buchs bieten Anregungen, wie eine existierende Jugendarbeit verändert oder ausgebaut werden kann. Was aber, wenn es vor Ort weder Veranstaltungen noch regelmäßige Gruppen mit jungen Menschen gibt? Wie fängt man mit der Jugendarbeit »bei null« an? Diese Frage stellt sich für viele Gemeinden auch nach dem langen Lockdown der Coronaphase. Hatten sich bis Anfang 2020 Gruppen und Teams noch regelmäßig getroffen, blieben die Gemeindehäuser und Jugendräume – so wie fast alle gesellschaftlichen Versammlungsorte – über eine lange Zeit leer. Wenn Treffen wieder erlaubt sind, lässt sich nicht einfach an die Vor-Corona-Situation anknüpfen. Einige Jugendliche tauchen nicht mehr auf. Für Ehrenamtliche ist es nach einer längeren (Zwangs-)Pause nicht selbstverständlich, das frühere Engagement wieder aufzunehmen. Freizeiten, die über Jahrzehnte fest im Jahreslauf integriert waren, erlebten einen Abbruch der Kontinuität. Eingespielte Übergänge zwischen Gruppen, die Gewinnung von Mitarbeitenden nach einem Konfi-Camp – solche »Gesamtkunstwerke« der lokalen Jugendarbeit wurden jäh durcheinandergewirbelt. Die vielfältigen digitalen Begegnungsformen konnten manches kompensieren, werden aber zumeist nicht als eine auf Dauer befriedigende Lösung erlebt (vgl. Kapitel 3.9).

Der Blick auf eine Situation, bei der vor Ort ohnehin keine Jugendarbeit existiert oder die in der »Nach-Corona-Zeit« wie ausgestorben erscheint, wirkt zunächst frustrierend. Doch Erfahrungen zeigen, dass auch ein Start bei null möglich ist, wenn die Erwartungen nicht zu hochgeschraubt werden und die Verantwortlichen Geduld mitbringen. Einige konkrete Schritte sollen im Folgenden benannt werden.

Zunächst sollte die Situation genau analysiert werden: Gibt es wirklich gar keine jungen Menschen in der Gemeinde? Vielleicht tauchen Einzelne doch auf, zum Beispiel als Jungbläserin im Posaunenchor, als Schülerpraktikant im kirchlichen Kindergarten, ehrenamtlich im ansonsten ergrauten Kindergottesdienstteam. Wenn Jugendarbeit von Beziehungen lebt, beginnt sie bereits durch den Kontakt mit einzelnen Jugendlichen! Entscheidend ist die Klärung der Zielperspektive: Träume ich von einer blühenden Jugendarbeit, weil die Gemeinde dann gut dasteht? Darum geht es in der Jugendarbeit nicht. Jugendarbeit dient jungen Menschen, nicht dem Gemeindeaufbau oder den Wunschvorstellungen Erwachsener nach kirchlichem Nachwuchs. Welche Bedarfe formulieren Jugendliche, wenn sie direkt gefragt werden? Wo können sie exemplarisch erleben, was Jugendarbeit für sie bedeuten könnte – vielleicht bei einer Freizeit auf Kirchenkreisebene? Was man nie kennengelernt hat, kann man schließlich nicht vermissen.

Starten mit Einzelnen

Ein systematischer Blick auf die lokale Situation beginnt mit einer sorgfältigen Sozialraumanalyse: Wie ist die Alters- und Sozialstruktur in der Kommune? Welche Angebote, Vereine und informellen Treffpunkte gibt es bereits? Haben junge Menschen im Jugendgemeinderat oder bei anderen Beteiligungsformaten Wünsche formuliert, an die angeknüpft werden kann? Welche Kooperationspartner, beispielsweise aus dem ökumenischen Umfeld oder benachbarten Gemeinden, lassen sich finden, um gemeinsam ein abgestimmtes Angebot zu entwerfen? Lässt sich über die örtliche Schule ein Erstkontakt zu jungen Menschen und deren Eltern herstellen? Gibt es zwei oder drei Familien, die das Anliegen teilen, evangelische Gruppenangebote aufzubauen? Welche Beratung oder Unterstützung bieten Dachverbände und überregionale Servicestellen der Jugendarbeit?

Sozialraumanalyse

Jugendarbeit ist auf ehrenamtliche Mitarbeitende angewiesen, diese wiederum kommen aber zumeist aus den eigenen Reihen. Wer neu startet, kann auf die begeisterten Ex-Teilnehmenden früherer Jahre nicht zugreifen – eine herausfordernde Situation! Die (Wieder-)Aufbauphase lokaler Jugendarbeit wird im ersten Schritt darauf zielen, einen kleinen Kreis Ehrenamtlicher zusammenzutrommeln und für deren Qualifikation zu sorgen. Eine besondere Chance für die Gewinnung von Nachwuchsmitarbeitenden bieten die Konfi-Jahrgänge, mit denen Jahr für Jahr evangelische Jugendliche in der Kirchengemeinde auftauchen (vgl. Kapitel 4.1 und 4.7).

In jedem Fall lohnt es, sich bestehende Konzepte anzueignen und mit ersten Gehversuchen zu experimentieren. Es muss nicht alles gelingen.

Manchmal entsteht Jugendarbeit aus kleinen, unscheinbaren Anfängen – gefragt ist kreatives Ausprobieren und ein langer Atem, wie es die folgenden konkreten Impulse andeuten.

- Kirchengemeinden erhalten regelmäßig die Adressen neu zugezogener Gemeindeglieder. Werden diese mit einem Brief oder einem persönlichen Besuch begrüßt? Findet sich ein kochbegeistertes Team, das alle Neuzugezogenen einmal im Jahr ins Gemeindehaus zu einem Kennenlernen untereinander einlädt – natürlich mit einem extra Angebot für Kinder und Jugendliche?

niedrigschwellige Angebote

- Niedrigschwellige Angebote bieten Neugierigen die Chance, ganz unverbindlich bei der Kirchengemeinde hineinzuschnuppern. Mancherorts gibt es gute Erfahrungen mit einem Ferienkino: Der im Sommer ohnehin leer stehende Gemeindesaal wird mit geringem Aufwand zum Kino verwandelt. Mit Beamer, guten Filmen (ausleihbar mit Vorführrechten bei Medienstellen) und Popcorn ist – natürlich bei freiem Eintritt – eine Atmosphäre geschaffen, die nicht nach Kirche riecht, aber einen Zugang zur Gemeinde schafft. Für alle anwesenden Kinogäste gilt: Die Schwelle zu den kirchlichen Räumlichkeiten wurde erfolgreich überschritten.
- Kinder- und Jugendarbeit wächst zumeist von jüngeren Jahrgängen »nach oben«. Angebote für junge Eltern oder Besuche zum Tauftag kleiner Kinder sorgen für Begegnungsflächen, auch eine kirchliche Kita schafft Kontakte zu jungen Familien.
- Gibt es eine Clique von Jugendlichen, die sich für eine Sache einsetzen wollen, beispielsweise eine Aktion zum Klimaschutz oder ein diakonisches Projekt? Kann die Kirchengemeinde sie mit der Bereitstellung von Räumlichkeiten, Ressourcen und Vertrauen unterstützen – und darin den Start einer Jugendarbeit durch Jugendliche entdecken?

Konzeptionsentwicklung

- Auch wenn Jugendarbeit nicht »strategisch machbar« ist, lohnt sich eine durchdachte Konzeptionsentwicklung, sinnvollerweise mit geeigneter Literatur oder externer Expertise durch Jugendarbeitsprofis. Hilfreich ist, auf die besonderen Stärken der lokalen Situation zu schauen: Welche äußeren Voraussetzungen könnten einen guten Boden für das Wachsen von Jugendarbeit bieten? Welche Räumlichkeiten, finanziellen Mittel, Netzwerke, engagierte Menschen, Traditionen gibt es bei uns? Wo gibt es Menschen, die sich für die Kommunikation des Evangeliums engagieren wollen?
- Für bestimmte Formen der Jugendarbeit gibt es systematische Start-Kampagnen, die einen Versuch wert sind. So wurden örtliche Ten-

Sing-Gruppen immer wieder mit Konzerten an Schulen und anschließenden Workshops begonnen. Kinderbibelwochen können den Start einer wöchentlichen Kindergruppe anstoßen. Und aus einer Sportfreizeit könnte eine Klettergruppe entstehen, die sich monatlich in der Kletterhalle und danach im Jugendkeller trifft. Immer gilt: Die Anfänge erscheinen oft wenig aufsehenerregend, aber sie sind entscheidend.

Auch unscheinbare Anfänge sind entscheidend

- Ob Jugendarbeit entsteht, hängt weniger an öffentlichkeitswirksamen Aktionen oder großen Zahlen, sondern daran, ob sie ihrem Auftrag gerecht wird. Gute Jugendarbeit bietet in erster Linie etwas ganz Simples: einen Beziehungsraum.

6 Zehn goldene Regeln

1. Gestalte Jugendarbeit als Beziehungsraum. Interessiere dich für die Jugendlichen, lerne ihre Namen, nimm sie ernst. Zeige dich als Person mit Stärken und Schwächen.
2. Erliege nicht der Versuchung, Entertainer*in zu spielen. Das Wesentliche geschieht zwischen den Jugendlichen – du schaffst dafür den Rahmen.
3. Gemeinsames Essen und Trinken wirkt Wunder. Ob eine Tüte Chips oder Raclette: Jugendarbeit geht (auch) durch den Magen.
4. Führe mindestens einmal im Jahr eine (Wochenend-)Freizeit durch.
5. Sprich Jugendliche an, ob sie sich die Mitarbeit für ein konkretes Projekt vorstellen können. Traue ihnen zu, immer wieder neue Aufgaben zu übernehmen.
6. Setze die laufende Jugendarbeit mindestens einmal jährlich auf die Tagesordnung der Gremien und bringe (nicht nur) dort die Wertschätzung für die Mitarbeitenden zum Ausdruck.
7. Verstecke eure Angebote nicht. Gute Jugendarbeit hat ein Mindestmaß an Öffentlichkeitsarbeit verdient: Sichtbare Informationen am Gemeindehaus, eine aktuelle Internetpräsenz, Hinweise in Amtsblatt, Zeitung und Gemeindebrief.
8. Verstärke Berührungspunkte und Übergangsmöglichkeiten, etwa zwischen Konfi-Arbeit und Jugendgruppen, oder auch zwischen Schule und Jugendverband.
9. Suche mit den Jugendlichen gezielt Beziehungen zu externen Menschen und Institutionen. Betrachte Jugendarbeit nicht als innerkirchliches Freizeitprogramm, sondern als Teil des gesellschaftlichen Auftrags von Kirche.
10. »Liebe – und tue, was du willst.« (Augustin)

7 Anhang – Materialempfehlungen für die Praxis

7.1 Eine kleine Jugendarbeitsbibliothek

Hier werden zentrale Veröffentlichungen vorgestellt, die einen guten Einstieg in die Vertiefung zu Jugendarbeitsthemen bieten. Die bibliografischen Angaben finden sich im Literaturverzeichnis ab S. 126.

Grundlagenliteratur aus der allgemeinen Jugendarbeit

- *Einführung in die Kinder- und Jugendarbeit* (Thole/Pothmann 2021): systematische Einführung, auch mit Verweis auf zentrale sozialpädagogische Theoriekontexte zur Jugendarbeit.
- *Studienbuch Kinder- und Jugendarbeit* (Meyer/Patjens 2020): umfangreiche Artikel zu Grundsatzthemen aus wissenschaftlicher Perspektive.
- *Handbuch Offene Kinder- und Jugendarbeit* (Deinet u. a. 2021): Der Klassiker zum Feld der offenen Jugendarbeit – herausgegeben von führenden Köpfen der aktuellen Jugendarbeitsdebatten.
- Aktuelle *Jugendstudien* – siehe die Hinweise in Kapitel 1.4.

Handbücher aus dem Bereich der kirchlichen Jugendarbeit

- *Handbuch Jugend* (Kaiser u. a. 2013): kurze Überblicksartikel zu allen wichtigen Themen der Jugendarbeit aus evangelischer Perspektive, zusammengestellt vom Comenius-Institut Münster und der aej.
- *Handbuch missionarische Jugendarbeit* (Karcher/Zimmermann 2016): Dieser erste Band der Reihe »Beiträge zur missionarischen Jugendarbeit« aus dem Kontext der CVJM-Hochschule bietet Beiträge zu vielen Grundsatz- und Praxisthemen.
- *Handbuch kirchliche Jugendarbeit* (Kaupp/Höring 2019): ein Grundlagenwerk aus katholischer Perspektive.
- Zudem erscheint seitens der aej regelmäßig ein *Bericht über die Lage der jungen Generation und die evangelische Kinder- und Jugendarbeit* für die EKD-Synode (zuletzt Corsa/Freitag 2018).

Fachzeitschriften – Abo empfehlenswert!

- *deutsche jugend. Zeitschrift für die Jugendarbeit:* Die zentrale Fachzeitschrift der Jugendarbeitsdebatten erscheint elfmal jährlich im Verlag Beltz Juventa.
- *baugerüst. Zeitschrift für Jugend- und Bildungsarbeit:* erscheint quartalsweise, herausgegeben von der Evangelischen Jugend in Bayern und der aej.

Spielesammlungen

- *666 Spiele* (Baer 2013): die wichtigsten Spiele für jede Gruppe und für alle Situationen, kompakt zusammengestellt.
- *Kooperative Abenteuerspiele* (Gilsdorf/Kistner 2018): Dieser Band 1 enthält die bekanntesten Abenteuerspiele aus der Erlebnispädagogik, auch Band 2 und 3 sind empfehlenswert.
- www.spielewiki.org oder www.jugendleiter-blog.de bieten gute Spielesammlungen.

Online-Materialien für die Praxis

- Unter www.jugendarbeit.online (jo) wurden die verschiedenen Praxiszeitschriften früherer Jahre (Steigbügel, Jungscharleiter, Jumat usw.) in einem gemeinsamen Materialpool für die christliche Jugendarbeit zusammengeführt. Die Inhalte werden mit einem Credit-System gegen eine geringe Gebühr freigegeben und sind redaktionell auf Qualität überprüft.
- Unter www.kreuzquer.info stellt die kirchliche Rundfunkarbeit Kurzandachten von und für Jugendliche bereit – zum Ausdrucken oder Abspielen. Eine Fundgrube für Gruppenstunden oder die Schulungsarbeit.

7.2 Liederbücher und Fundgruben für Musik

Evangelisches Gesangbuch (EG)

Es mag erstaunen, dass auch das EG in der Jugendarbeit nutzbar ist. Naturgemäß finden sich dort nicht die aktuellsten Titel. Dennoch verbergen sich hier manche Perlen für die Jugendarbeit. Es lohnt sich, den Anhang gründlich zu studieren, in der Ausgabe für Württemberg gibt es beispielsweise einen eigenen Teil »Mit Kindern beten« (EG 789 ff.) oder »Gebete für die Jugendzeit« (EG 819 f.). Der Überblick über fremd- und mehrsprachige Lieder (EG 847) macht das Buch für internationale Jugendtreffen wertvoll, der Anhang EG 848 bietet Lieder für die Ökumene. Unter EG 849 sind Lieder eigens aufgeführt, die sich für den Einsatz mit Kindern eignen.

Über die App »Cantico« kann das EG auch digital erschlossen werden.

DAS LIEDERBUCH 1 und 2

Das ganze Leben zwischen zwei Buchdeckeln: Das ist der Anspruch, der in DAS LIEDERBUCH erfreulich gut umgesetzt wurde. Die Mischung aus geistlichem und weltlichem Liedgut macht DAS LIEDERBUCH vielseitig einsetzbar. Da große Teile der Kernliederliste enthalten sind, finden auch Musikbegeisterte aus anderen Generationen Anknüpfungspunkte. Ähnlich wie beim Evangelischen Gesangbuch bietet DAS LIEDERBUCH einen umfangreichen Textanhang, mit dem sich nicht nur Morgen- und Abendliturgien, sondern ganze Gottesdienste oder sogar Bibellese-Runden gestalten lassen. Die umfangreichen Register sowie Liedketten, die den Anschluss vom einen zum nächsten Lied vorschlagen, erleichtern die Anwendung. Zusätzlich gibt es CDs, ein Andachtsbuch zu einzelnen Liedern sowie einen Internetauftritt mit Youtube-Links und Erläuterungen zu allen Liedern unter www.das-liederbuch.de.

Feiert Jesus 1 bis 5

Bereits ein Vierteljahrhundert lang zieht sich die Erfolgsgeschichte von »Feiert Jesus«. Bislang sind fünf Bände erschienen, die insgesamt über eine Million Mal verkauft wurden. Eine Innovation in Band 5 ist ein umfangreicher Anhang. Zahlreiche Zusatzprodukte (kompakte »to go«-Hefte, CDs, Andachtsbücher usw.) vervollständigen die Produktpalette. Nachteil: Die Buchreihe enthält ausschließlich geistliches Liedgut und bietet damit für die missionarische Jugendarbeit (also für Jugendliche, die keine christlichen Lieder kennen) kaum Anknüpfungspunkte.

Internet: www.feiert-jesus.de

Das Ding

Wer sich schon immer mal gefragt hat, wie man eigentlich zu den Liedern kommt, die sich nächtelang am Lagerfeuer singen lassen, findet in »Das Ding« die Antwort. Über 1.600 bekannte Lieder sind zwischenzeitlich in vier Bänden veröffentlicht, die es jeweils mit oder ohne Noten gibt, hinzu kommt eine eigene Weihnachtsausgabe. Von »Hey, Pippi Langstrumpf« bis »Schatzi, schenk mir ein Foto« bietet »Das Ding« ein buntes Sammelsurium von »Kultliedern« – gut erschlossen über die Webseite www.kultliederbuch.de und inzwischen sogar als App verfügbar.

Kernliederliste
Die Kernliederliste zentraler Lieder über alle Generationen hinweg findet sich unter www.kirchenmusik.elk-wue.de/kernlieder. In der Smartphone-App »Cantico« können alle 33 Kernlieder kostenfrei mit Noten und Musik heruntergeladen und abgespielt werden, zur Liedbegleitung wahlweise auch ohne Gesang.

Suchmöglichkeiten im Internet
Natürlich gibt es zahlreiche weitere Liederbücher und elektronische Liedsammlungen. Wer ein bestimmtes Lied sucht, wird über Datenbanken wie www.liederdatenbank.de leicht fündig. Das Unternehmen Christian Copyright Licensing International (CCLI) bietet unter www.ccli.com eine urheberrechtssichere Nutzung kirchlicher Lieder und über SongSelect eine Such- und Kaufmöglichkeit für Musikdateien, Liedtexte und Melodien – auch Filmlizenzen können hier erworben werden (vgl. dazu auch Kapitel 3.2).

7.3 Institutionen und Newsletter

Das *Fachkräfteportal* der Kinder- und Jugendhilfe unter www.jugendhilfeportal.de versteht sich als zentrale Plattform für Informationen aus der gesamten Kinder- und Jugendhilfe. Der wöchentliche Newsletter gehört zu den besten Informationsquellen für Themen der Jugendarbeit in Deutschland.

Unter www.aej-online.de, dem Internetauftritt der *Evangelischen Jugend in Deutschland,* kann der informative aej-Newsletter abonniert werden, der über Neuigkeiten aus der evangelischen Jugendarbeit sowie der Jugendpolitik berichtet.

Empfehlenswert sind zudem die Newsletter des jeweiligen *Landesjugendrings* sowie des *Landesjugendpfarramts* bzw. des *landeskirchlichen Amtes für Jugendarbeit.*

Alles Wissen in der Offenen Jugendarbeit lautet der Anspruch der Plattform www.oja-wissen.info, die an der Schnittstelle von Wissenschaft und

Praxis gebündelte Informationen zu Schwerpunktthemen der offenen Arbeit bereitstellt.

Auf bundeszentraler Ebene gibt es vielfältige weitere Institutionen im Kontext der Jugendarbeit, deren (Internet-)Angebote hilfreich sind. Für die evangelische Jugendarbeit ist hier beispielsweise der CVJM Deutschland (www.cvjm.de) sowie das Studienzentrum Josefstal zu nennen (www.josefstal.de). Die internationale Jugendarbeit hat mit IJAB, der Fachstelle für Internationale Jugendarbeit der Bundesrepublik Deutschland e. V. (www.ijab.de), eine zentrale Ansprechpartnerin.

Verantwortliche aus Forschung und Lehre sind im *Wissenschaftsnetzwerk Kinder- und Jugendarbeit* verbunden, das sich unter www.wissenschaft-kja.de präsentiert. Es arbeitet eng zusammen mit dem *Bundesnetzwerk Kinder- und Jugendarbeit,* das die Jugendarbeitsorganisationen auf Bundesebene zusammenbringt. Wichtigstes Ziel des Bundesnetzwerks ist die Durchführung eines regelmäßigen *Bundeskongresses Kinder- und Jugendarbeit* (www.bundeskongress-kja.de).

Literatur

aej – Arbeitsgemeinschaft der Evangelischen Jugend in Deutschland e. V.: Geht doch! Wertvolle Tipps für eine inklusive Freizeitenarbeit, Hannover 2020, https://www.juenger-freizeitenservice.de/inklusion (Zugriff am 10.03.2021).

Affolderbach, Martin: Grundsatztexte zur evangelischen Jugendarbeit. Materialien zur Diskussion in Praxis, Lehre und Forschung, Gelnhausen (1978) ^{2}1982.

Albrecht, Heidi/Dargel, Matthias/Freitag, Michael/Giebel, Astrid/Knorr, Wilfried/Lilie, Ulrich/Loheide, Maria (Hg.): #religionsundkultursensibel. Perspektiven für die Arbeit mit Kindern und Jugendlichen in evangelischen Kontexten, Leipzig 2018.

Baer, Udo/Koch, Claus: Pädagogische Beziehungskompetenz. Grundlagen für Erzieher*innen und Lehrer*innen, Mülheim 2020.

Baer, Ulrich: 666 Spiele für jede Gruppe für alle Situationen, Seelze-Velber (1994) ^{26}2013.

Bauer, Robin: Sexualpädagogik der Vielfalt in der Kinder- und Jugendarbeit, in: Thomas Meyer/Rainer Patjens (Hg.): Studienbuch Kinder- und Jugendarbeit, Wiesbaden 2020, 565–592.

Baur, Werner/Heckel, Ulrich/Kreplin, Matthias/Schneider-Harpprecht, Christoph: Landschaften statt Inseln. Die zusammengehörige Vielfalt der Kinder- und Jugendangebote, in: Wolfgang Ilg/Gottfried Heinzmann/Mike Cares (Hg.): Jugend zählt! Ergebnisse, Herausforderungen und Perspektiven aus der Statistik 2013 zur Arbeit mit Kindern und Jugendlichen in den Evangelischen Landeskirchen Baden und Württemberg, Stuttgart 2014, 275–279.

Bollnow, Otto Friedrich: Existenzphilosophie und Pädagogik. Versuch über unstetige Formen der Erziehung, Stuttgart (1959) ^{4}1968.

Braune-Krickau, Tobias/Ellinger, Stephan (Hg.): Handbuch Diakonische Jugendarbeit, Neukirchen-Vluyn 2010.

Brinkmann, Hannah/Ilg, Wolfgang: Wie geht es der Jugendverbandsarbeit nach dem Corona-Lockdown? Empirische Erkenntnisse aus einem evangelischen Jugendverband, in: deutsche jugend 69 (2021), H. 4, 170–179.

Bubmann, Peter/Keßler, Hildrun/Mulia, Christian/Oesselmann, Dirk/Piroth, Nicole/Steinhäuser, Martin (Hg.): Gemeindepädagogik, Berlin (2012) ^{2}2019.

Büchert, Björn/Haubold, Katharina/Karcher, Florian (Hg.): TheoLab – Gott. Mensch. Welt. Theologie für Nichttheologen, Stuttgart 2020.

Büchle, Johannes/Ulmer, Alma (Hg.): Menschenskinder, ihr seid stark! Prävention vor sexualisierter Gewalt. Arbeitshilfe für die Evangelische Kinder- und Jugendarbeit, Stuttgart 2018. Informationen online: www.ihr-seid-stark.de

Büchle, Kristina/Krebs, Reinhold/Nagel, Marc (Hg.): Junge Gemeinden. Experiment oder Zukunftsmodell? Stuttgart 2009.

Bundesministerium für Familie, Senioren, Frauen und Jugend (Hg.): 16. Kinder- und Jugendbericht. Förderung demokratischer Bildung im Kindes- und Jugendalter, Berlin 2020, https://www.bmfsfj.de/16-kjb (Zugriff am 10.03.2021).

Calmbach, Marc/Flaig, Bodo/Edwards, James/Möller-Slawinski, Heide/Borchard, Inge/Schleer, Christoph: Wie ticken Jugendliche? SINUS-Jugendstudie 2020. Lebenswelten von Jugendlichen im Alter von 14 bis 17 Jahren in Deutschland, Bonn 2020, https://www.bpb.de/shop/buecher/schriftenreihe/311857/sinus-jugendstudie-2020-wie-ticken-jugendliche (Zugriff am 10.03.2021).

Cloos, Peter/Köngeter, Stefan/Müller, Burkhard/Thole, Werner: Die Pädagogik der Kinder- und Jugendarbeit, Wiesbaden (2007) ²2009.

Corsa, Mike/Freitag, Michael: #immerandersweiter. Bericht über die Lage der jungen Generation und die evangelische Kinder- und Jugendarbeit, Hannover 2018.

Deinet, Ulrich/Sturzenhecker, Benedikt/von Schwanenflügel, Larissa/Schwerthelm, Moritz (Hg.): Handbuch Offene Kinder- und Jugendarbeit, Wiesbaden (2007) ⁵2021.

Deutsche Shell (Hg.): Jugend 2019. Eine Generation meldet sich zu Wort. 18. Shell Jugendstudie, Weinheim 2019.

Deutsche Shell (Hg.): Jugend '97. Zukunftsperspektiven, Gesellschaftliches Engagement, Politische Orientierungen, Opladen 1997.

Domsgen, Michael: Begründungsperspektiven Evangelischer Arbeit mit Jugendlichen, in: Yvonne Kaiser/Matthias Spenn/Michael Freitag/Thomas Rauschenbach/Mike Corsa (Hg.): Handbuch Jugend. Evangelische Perspektiven, Opladen u. a. 2013, 285–289.

Drücker, Ansgar/Fuß, Manfred/Schmitz, Oliver (Hg.): Wegweiser Kinder- und Jugendreisepädagogik. Potenziale – Forschungsergebnisse – Praxiserfahrungen, Schwalbach 2014.

Dümling, Bianca: Migration verändert die kirchliche Landschaft in Deutschland. Entwicklung und Geschichte der Migrationskirchen, in: Claudia Rammelt/Esther Hornung/Vasile-Octavian Mihoc (Hg.): Begegnung in der Glokalität. Christliche Migrationskirchen in Deutschland im Wandel der Zeit, Leipzig 2018, 77–90.

Ebinger, Thomas/Böhme, Thomas/Hempel, Matthias/Kolb, Herbert/Plagentz, Achim (Hg.): Handbuch Konfi-Arbeit, Gütersloh 2018.

EKD: Kirche und Jugend. Lebenslagen – Begegnungsfelder – Perspektiven. Eine Handreichung des Rates der Evangelischen Kirche in Deutschland, Gütersloh 2010.

EKD: Es ist normal, verschieden zu sein. Inklusion leben in Kirche und Gesellschaft. Eine Orientierungshilfe des Rates der Evangelischen Kirche in Deutschland, Gütersloh 2014, https://www.ekd.de/pm13_2015_orientierungshilfe_inklusion.htm (Zugriff am 10.03.2021).

EKD: Kirche im Umbruch. Zwischen demografischem Wandel und nachlassender Kirchenverbundenheit. Eine langfristige Projektion der Kirchenmitglieder und des Kirchensteueraufkommens der Universität Freiburg in Verbindung mit der EKD, Hannover 2019, www.ekd.de/projektion2060 (Zugriff am 10.03.2021).

EKD: Demokratie, Bildung und Religion: Gesellschaftliche Veränderungen in Freiheit mitgestalten. Impulse für die demokratiebezogene Bildungsarbeit in kirchlichen Handlungsfeldern. EKD-Texte 134, Hannover 2020a, https://www.ekd.de/ekd_de/ds_doc/ekd_texte_134_2020.pdf (Zugriff am 10.03.2021).

EKD: Religiöse Bildung angesichts von Konfessionslosigkeit. Aufgaben und Chancen. Ein Grundlagentext der Kammer der EKD für Bildung und Erziehung, Kinder und Jugend, Leipzig 2020b, www.ekd.de/ekd_de/ds_doc/konfessionslosigkeit_2020.pdf (Zugriff am 10.03.2021).

Evangelisches Jugendwerk in Württemberg (EJW): Junge Christen begegnen Muslimen: Anregungen zu einem Moscheebesuch, Stuttgart 2016, http://www.ejw-vielfaltskultur.de/interkulturelle-oeffnung/jugendarbeit-interreligioeser-dialog (Zugriff am 10.03.2021).

Evangelisches Jugendwerk in Württemberg (EJW) (Hg.): Zukunftsmusik. Lobpreis und Anbetung im Kontext der Landeskirche. Horizont erweitern – Praxis reflektieren – Perspektiven gewinnen, Stuttgart 2020.

Fachausschuss Erlebnispädagogik (Hg.): Sinn gesucht – Gott erfahren. Erlebnispädagogik im christlichen Kontext, Stuttgart (2005) [4]2019.
Faix, Tobias/Künkler, Tobias: Generation Lobpreis und die Zukunft der Kirche. Das Buch zur empirica Jugendstudie 2018, Neukirchen-Vluyn 2018.
Fauser, Katrin/Fischer, Arthur/Münchmeier, Richard: Jugendliche als Akteure im Verband. Ergebnisse einer empirischen Untersuchung der Evangelischen Jugend. Opladen/Farmington Hills 2006.
Fowler, James W.: Stufen des Glaubens. Die Psychologie der menschlichen Entwicklung und die Suche nach Sinn, Gütersloh 1991.
Gilsdorf, Rüdiger/Kistner, Günter: Kooperative Abenteuerspiele 1. Praxishilfe für Schule, Jugendarbeit und Erwachsenenbildung, Seelze (1995) [24]2018.
Grethlein, Christian: Mediatisierung von Religion und Religiosität. Versuch einer praktisch-theologischen Bestandsaufnahme, in: Zeitschrift für Theologie und Kirche 115 (2018), 361–376.
Günther, Matthias: Jugendseelsorge. Grundlagen und Impulse für die Praxis, Göttingen 2018.
Gutmann, David/Peters, Fabian: #projektion2060. Die Freiburger Studie zu Kirchenmitgliedschaft und Kirchensteuer. Analysen – Chancen – Visionen, Neukirchen-Vluyn 2021.
Han-Broich, Misun/Born, Aristi: Identitätsentwicklung in der Migrationsgesellschaft – Aufwachsen zwischen den Welten, in: Bianca Dümling/Kerstin Löchelt/Germo Zimmermann (Hg.): Christliche Jugendarbeit in der Migrationsgesellschaft. Begegnungen mit kultureller und religiöser Vielfalt gestalten, Neukirchen-Vluyn 2018, 50–63.
Hattie, John: Lernen sichtbar machen, Baltmannsweiler (2008) [3]2014.
Haubold, Katharina/Karcher, Florian/Niekler, Lena (Hg.): Jugendarbeit zwischen Tradition und Innovation. Fresh X mit Jugendlichen gestalten. Neukirchen-Vluyn 2019.
Haupt-Scherer, Sabine/Lippegaus, Cornelia: »Ich sehe Dich und bin für Dich da«. Bindungsorientierte Pädagogik in der Kinder- und Jugendarbeit, Bielefeld 2017.
Haußmann, Annette/Dömland, Dorin (Hg.): Warum wohin? Mit Jugendlichen auf Sinnsuche gehen – 6 Lebensthemen methodisch ausgearbeitet, Stuttgart 2017.
Herrmann, Ulrich (Hg.): Pädagogische Beziehungen. Grundlagen – Praxisformen – Wirkungen, Weinheim 2019.
Hirsch, Björn/Karcher, Florian: Gemeinde entsteht: Mit Jugendlichen Kirche leben, in: Katharina Haubold/Florian Karcher/Lena Niekler (Hg.): Jugendarbeit zwischen Tradition und Innovation. Fresh X mit Jugendlichen gestalten. Neukirchen-Vluyn 2019, 180–212.
Höring, Patrik C.: Jugendlichen begegnen. Arbeitsbuch Jugendarbeit, Stuttgart 2017.
Hurrelmann, Klaus/Quenzel, Gudrun: Lebensphase Jugend. Eine Einführung in die sozialwissenschaftliche Jugendforschung, Weinheim/Basel (1985) [13]2016.
Ihmels, Karl Ludwig: Evangelische Jugendarbeit. Spiritualität entdecken, deuten, üben, in: Peter Zimmerling (Hg.): Handbuch Evangelische Spiritualität, Band 3: Praxis, Göttingen 2020, 61–100.
Ilg, Wolfgang: Jugendarbeit – Grundlagen, Prinzipien und Arbeitsformen, in: Thomas Rauschenbach/Stefan Borrmann (Hg.): Arbeitsfelder der Kinder- und Jugendarbeit, Weinheim/Basel 2013, 12–32, vgl. www.erzwissonline.de: DOI 10.3262/EEO13130305 (Zugriff am 10.03.2021).
Ilg, Wolfgang: Menschsein sichtbar machen. Inszenierung von Begegnungen in der kirchlichen Jugendarbeit durch Interviews mit Mitarbeitenden, in: Thomas Schlag/Henrik Simojoki (Hg.): Mensch – Religion – Bildung. Religionspädagogik in anthropologischen Spannungsfeldern, Gütersloh 2014a, 602–612.

Ilg, Wolfgang: Sinus-Milieu-Studien: Viel genutzt, kaum hinterfragt. Anfragen an die Wissenschaftlichkeit am Beispiel von »Brücken und Barrieren«, in: Zeitschrift für Pädagogik und Theologie 66 (2014b), 68–84.

Ilg, Wolfgang: »Die Jugendlichen bringen gar nichts mehr mit«? Vorerfahrungen württembergischer Konfirmanden mit kirchlichen Angeboten für Kinder, in: ders./Friedrich Schweitzer (Hg.): Jugend gefragt! Empirische Studien zur Realität evangelischer Arbeit mit Kindern und Jugendlichen in Baden-Württemberg, Stuttgart 2016, 341–359.

Ilg, Wolfgang: Spiritualität bei Freizeiten, in: Peter Zimmerling (Hg.); Handbuch Evangelische Spiritualität, Band 3: Praxis, Göttingen 2020, 708–724.

Ilg, Wolfgang/Dubiski, Judith: Wenn einer eine Reise tut. Evaluationsergebnisse von Jugendfreizeiten und internationalen Jugendbegegnungen, Schwalbach 2015.

Ilg, Wolfgang/Pohlers, Michael/Schwarz, Stephanie: Schulbezogene Jugendarbeit und die Frage nach Mission, in: Florian Karcher/Germo Zimmermann (Hg.): Handbuch missionarische Jugendarbeit. Neukirchen-Vluyn 2016, 226–242.

Ilg, Wolfgang/Pohlers, Michael/Gräbs Santiago, Aitana/Schweitzer, Friedrich: Jung – evangelisch – engagiert. Langzeiteffekte der Konfirmandenarbeit und Übergänge in ehrenamtliches Engagement im biografischen Horizont. Reihe Konfirmandenarbeit erforschen und gestalten, Band 11, Gütersloh 2018.

John Klug, Rebecca: Kirche und Junge Erwachsene im Spannungsfeld. Kirchentheoretische Analysen und eine explorative Studie zur ekklesiologischen Qualität ergänzender Ausdrucksweisen des christlichen Glaubens, Göttingen 2020.

Kaiser, Yvonne/Spenn, Matthias/Freitag, Michael/Rauschenbach, Thomas/Corsa, Mike (Hg.): Handbuch Jugend. Evangelische Perspektiven, Opladen u. a. 2013.

Karcher, Florian/Zimmermann, Germo (Hg.): Handbuch missionarische Jugendarbeit, Neukirchen-Vluyn 2016.

Kaupp, Angela/Höring, Patrik C. (Hg.): Handbuch kirchliche Jugendarbeit. Für Studium und Praxis, Freiburg 2019.

Knublauch, Björn/Leng, Jessica/Müller, Ingo/Siebert, Claudia (Hg.): Der Freizeitplaner. Freizeiten einfach gut planen, durchführen, nacharbeiten, Stuttgart 2020.

Krautz, Jochen/Schieren, Jost (Hg.): Persönlichkeit und Beziehung als Grundlage der Pädagogik. Beiträge zur Pädagogik der Person, Weinheim 2013.

Kretschmann, Winfried: Getrennt, aber nicht gleichgültig. Weiterentwicklung einer ausbalancierten Trennung von Staat und Religion, in: ders./Verena Wodtke-Werner (Hg.): Wie viel Religion verträgt der Staat? Aktuelle Herausforderungen und grundsätzliche Überlegungen, Ostfildern 2014, 83–92.

Lange, Ernst: Predigen als Beruf. Aufsätze zu Homiletik, Liturgie und Pfarramt, München 1982.

Lange, Mirja/Wehmeyer, Karin: Jugendarbeit im Takt einer beschleunigten Gesellschaft. Veränderte Bedingungen des Heranwachsens als Herausforderung, Weinheim/Basel 2014.

Lehmann, Peter/Lehmann, Jule: Verbreitung inklusiver Angebote, in: Wolfgang Ilg/Gottfried Heinzmann/Mike Cares: Jugend zählt! Ergebnisse, Herausforderungen und Perspektiven aus der Statistik 2013 zur Arbeit mit Kindern und Jugendlichen in den Evangelischen Landeskirchen Baden und Württemberg, Stuttgart 2014, 104–109.

Lienau, Anna-Katharina: Kommunikation des Evangeliums in Social Media, in: Zeitschrift für Theologie und Kirche 117 (2020), H. 4, 489–522.

Lübking, Hans-Martin: Konfirmieren. Konfirmandenarbeit gestalten. Praktische Theologie konkret, Bd. 3, Göttingen 2021.

Medienpädagogischer Forschungsverbund Südwest: JIM-Studie 2020. Jugend, Information, Medien. Basisuntersuchung zum Medienumgang 12- bis 19-Jähriger, Stuttgart 2020, https://www.mpfs.de/studien (Zugriff am 10.03.2021).

Meyer, Thomas: Inklusion als Herausforderung und Chance für die Kinder- und Jugendarbeit, in: ders./Rainer Patjens (Hg.): Studienbuch Kinder- und Jugendarbeit, Wiesbaden 2020, 425–473.

Meyer, Thomas/Patjens, Rainer (Hg.): Studienbuch Kinder- und Jugendarbeit, Wiesbaden 2020.

Mutschler, Bernhard: Beziehungsreichtum. Bibelhermeneutische, sozialanthropologische und kulturgeschichtliche Erkundungen, Tübingen 2013.

Ocker, Markus: Wenn Jugendarbeit »zur Schule geht …«. Evangelische Jugendarbeit in einer sich verändernden Schulwelt, Gießen 2019.

Panesar, Rita: Wie interkulturelle Öffnung gelingt. Leitfaden für Vereine und gemeinnützige Organisationen. Edition Stifterverband, Essen 2017, http://ziviz.de/leitfaden-interkulturelle-oeffnung (Zugriff am 10.03.2021).

Patjens, Rainer: Rechtliche Rahmenbedingungen in der Kinder- und Jugendarbeit, in: Thomas Meyer/ders. (Hg.): Studienbuch Kinder- und Jugendarbeit, Wiesbaden 2020, 285–329.

Peters, Fabian/Ilg, Wolfgang/Gutmann, David: Demografischer Wandel und nachlassende Kirchenzugehörigkeit: Ergebnisse aus der Mitgliederprojektion der evangelischen und katholischen Kirche in Deutschland und ihre Folgen für die Religionspädagogik, in: Zeitschrift für Pädagogik und Theologie 71 (2019), H. 2, 196–207, https://doi.org/10.1515/zpt-2019-0023 (Zugriff am 10.03.2021).

Pickel, Gert: Jugendliche und Religion im Spannungsfeld zwischen religiöser und säkularer Option, in: Heinrich Bedford-Strohm/Volker Jung (Hg.): Vernetzte Vielfalt. Kirche angesichts von Individualisierung und Säkularisierung. Die fünfte EKD-Erhebung über Kirchenmitgliedschaft, Gütersloh 2015, 142–160, https://www.ekd.de/download/20151120_kmu_v_auswertungsband.pdf (Zugriff am 10.03.2021).

Pohlers, Michael/Lamparter, Hanne/Quattlender, Nadine/Ilg, Wolfgang/Schweitzer, Friedrich: Jugendaktive Kirchengemeinden in Baden-Württemberg. Eine qualitative empirische Studie zur Arbeit mit Kindern und Jugendlichen. Die Vertiefungsstudie zu »Jugend zählt«, in: Wolfgang Ilg/Friedrich Schweitzer (Hg.): Jugend gefragt! Empirische Studien zur Realität evangelischer Arbeit mit Kindern und Jugendlichen in Baden-Württemberg, Stuttgart 2016, 37–231.

Pohl-Patalong, Uta: Das Evangelium kommunizieren in der evangelischen Jugendarbeit. Notwendige Fähigkeiten kirchlicher Mitarbeiter*innnen, in: Deutsches Pfarrerblatt 119 (2019), H. 9, 493–497.

Röcker, Markus/Körner, Monika (Hg.): Das Trainee-Programm. Kompetenzen stärken, Stuttgart 2019.

Rösch, Eike: Jugendarbeit in einem mediatisierten Umfeld. Impulse für ein theoretisches Konzept, Weinheim 2019.

Rothgang, Georg-Wilhelm/Bach, Johannes: Entwicklungspsychologie, Stuttgart (2003) ^{3}2015.

Schlag, Thomas/Schweitzer, Friedrich (Hg.): Jugendtheologie. Grundlagen – Beispiele – kritische Diskussion, Neukirchen-Vluyn 2012.

Schröder, Achim: Beziehungsarbeit, in: Ulrich Deinet/Benedikt Sturzenhecker/Larissa von Schwanenflügel/Moritz Schwerthelm (Hg.): Handbuch Offene Kinder- und Jugendarbeit, Wiesbaden (1998) ^{5}2021, 1155–1160.

Schwab, Ulrich: »Von der Polarisierung zur Inklusion« – Evangelische Jugendarbeit zwischen 1970 und heute, in: Patrick C. Höring (Hg.): Jugendarbeit zwischen Diakonie und Mission, Freiburg i. Br. 2017, 38–59.

Schweitzer, Friedrich: Bildung. Theologische Bibliothek, Neukirchen-Vluyn 2014.
Schweitzer, Friedrich/Hardecker, Georg/Maaß, Christoph H./Ilg, Wolfgang/Lißmann, Katja: Jugendliche nach der Konfirmation. Glaube, Kirche und eigenes Engagement – eine Längsschnittstudie. Konfirmandenarbeit erforschen und gestalten, Band 8, Gütersloh 2016.
Schweitzer, Friedrich/Wissner, Golde/Bohner, Annette/Nowack, Rebecca/Gronover, Matthias/Boschki, Reinhold: Jugend – Glaube – Religion. Eine Repräsentativstudie zu Jugendlichen im Religions- und Ethikunterricht, Münster 2018.
Schwerthelm, Moritz/Sturzenhecker, Benedikt: Die Kinder- und Jugendarbeit nach § 11 SGB VIII, 2016, https://www.ew.uni-hamburg.de/einrichtungen/ew2/sozialpaedagogik/files/schwerthelm-sturzenhecker-2016-jugendarbeit-nach-11.docx (Zugriff am 10.03.2021).
Simojoki, Henrik/Ilg, Wolfgang/Schlag, Thomas/Schweitzer, Friedrich: Zukunftsfähige Konfirmandenarbeit. Empirische Erträge – theologische Orientierungen – Perspektiven für die Praxis. Konfirmandenarbeit erforschen und gestalten, Band 12, Gütersloh 2018.
Statistisches Bundesamt: Bevölkerung und Erwerbstätigkeit. Bevölkerung mit Migrationshintergrund. Ergebnisse des Mikrozensus 2019. Fachserie 1, Reihe 2.2 (2020), https://www.destatis.de/DE/Themen/Gesellschaft-Umwelt/Bevoelkerung/Migration-Integration/Publikationen/Downloads-Migration/migrationshintergrund-2010220197004.pdf?__blob=publicationFile (Zugriff am 10.03.2021).
Straßburger, Gaby/Rieger, Judith (Hg.): Partizipation kompakt. Für Studium, Lehre und Praxis sozialer Berufe, Weinheim und Basel (2014) ²2019, www.partizipationspyramide.de (Zugriff am 10.03.2021).
Struve, Henrik/von Münster, Saskia: CrossMove. Sport bewegt Menschen – eine Chance für Gemeinden und Verbände, Stuttgart 2021.
Thole, Werner/Pothmann, Jens/Lindner, Werner: Die Kinder- und Jugendarbeit. Einführung in ein Arbeitsfeld der sozialpädagogischen Bildung, Weinheim 2021.
Vereinte Nationen: Übereinkommen über die Rechte von Menschen mit Behinderungen, in: Bundesgesetzblatt, Jahrgang 2008 Teil II (2008), Nr. 35, 31, www.un.org/Depts/german/uebereinkommen/ar61106-dbgbl.pdf (Zugriff am 10.03.2021).
Weingardt, Martin: Die noch ausstehende Wiederentdeckung der Gruppenpädagogik als Kernstück der Jugendarbeit, in: Helmut Häußler/Alma Ulmer (Hg.): Boys only – Girls only. 44 Programmideen für die Gruppenarbeit, Stuttgart 2001, 6–18.
Weingardt, Martin: Lebensräume öffnen, Neue Schritte zum kreativen Miteinander von Jugendarbeit – Schule – Gemeinde. Eine Initiative des Evangelischen Jugendwerks in Württemberg, Stuttgart ³1997.
Wilka, Wolfgang/Schmidt, Peter L.: Recht – gut informiert sein. Rechtsfragen in der christlichen Kinder- und Jugendarbeit, Stuttgart (1997) ²2018.